針と糸で、はじめてでも可愛く作れる

ちいさなビーズアクセサリー

河出書房新社

針と糸でビーズを編む「ビーズステッチ」。
本書では、数ある編み方の中でも簡単な「ペヨーテステッチ」と「シェイプドステッチ」で作るアクセサリーを紹介しています。

この２つのステッチはどちらも、レンガ積みのようにビーズが互い違いに並ぶように編みます。ビーズが規則的に並ぶため、模様を描きやすいのが特徴。ペヨーテステッチは編み進めるのが速く、シェイプドステッチは形のアレンジが楽しめます。

色や質感が多彩なビーズできれいな模様を編み込んで、
さりげなく装える小さなアクセサリーに。
まずは針と糸を用意して、気軽に始めてみませんか？

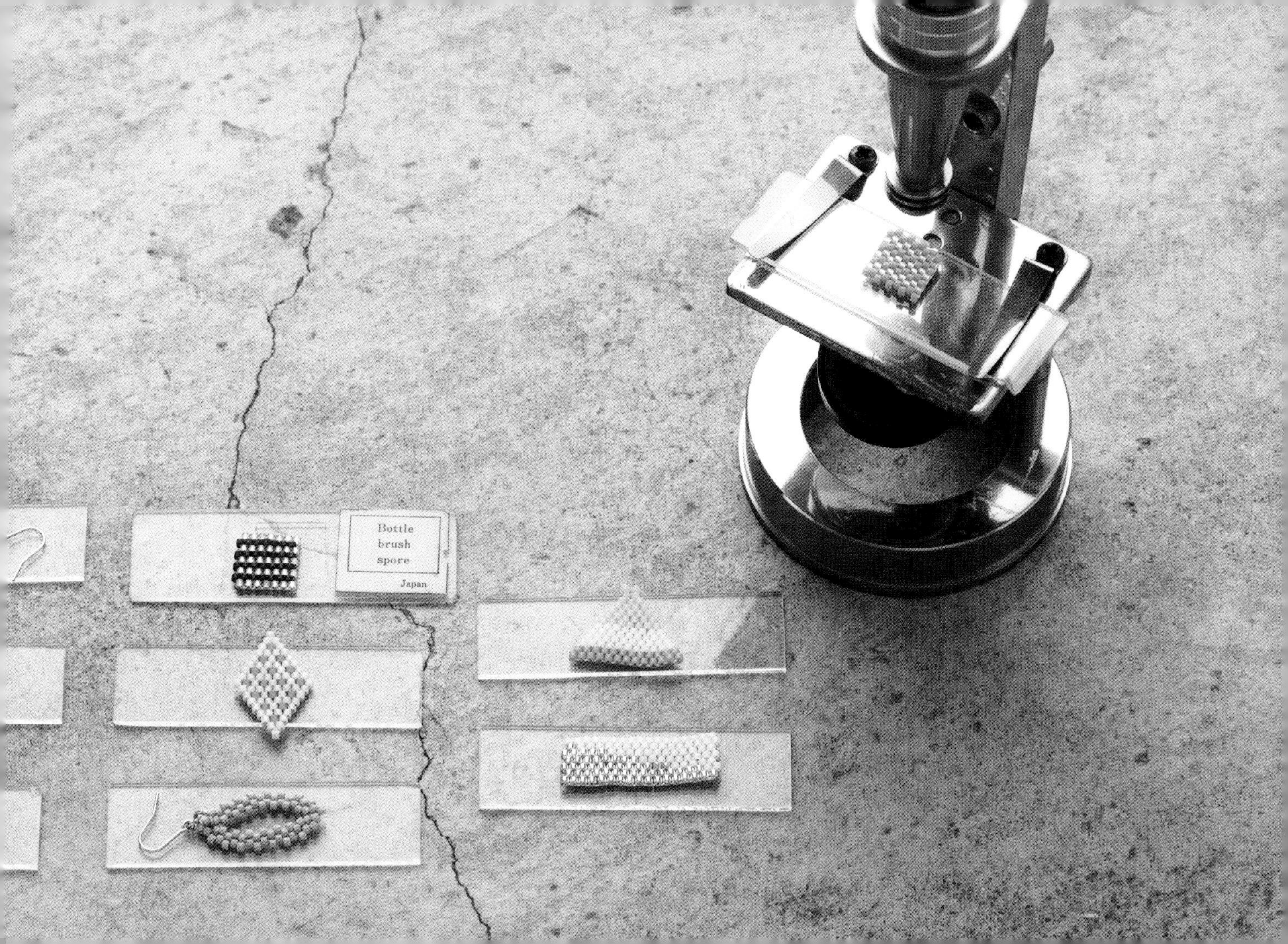
Bottle
brush
spore
Japan

contents

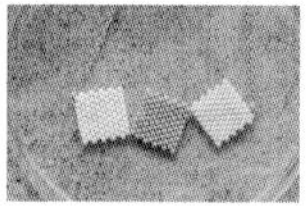

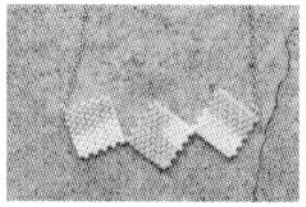

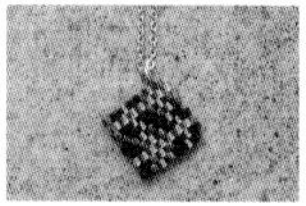

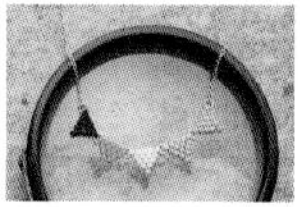

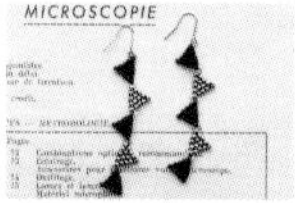

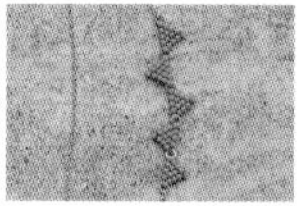

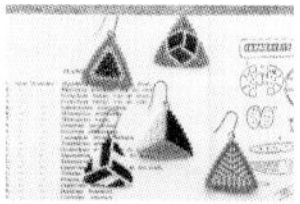

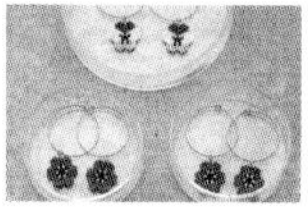

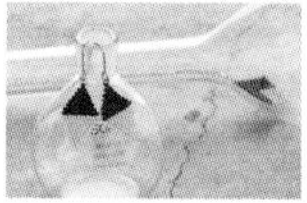

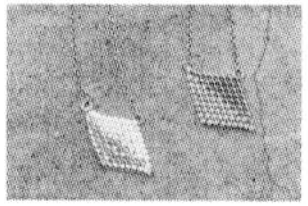

＊写真のビーズの色味は、実際の商品と異なる場合があります。

1 necklace

how to make > p.53　design > gingerme tomoe

2 ring / 3 earring

how to make > p.54 design > gingerme tomoe

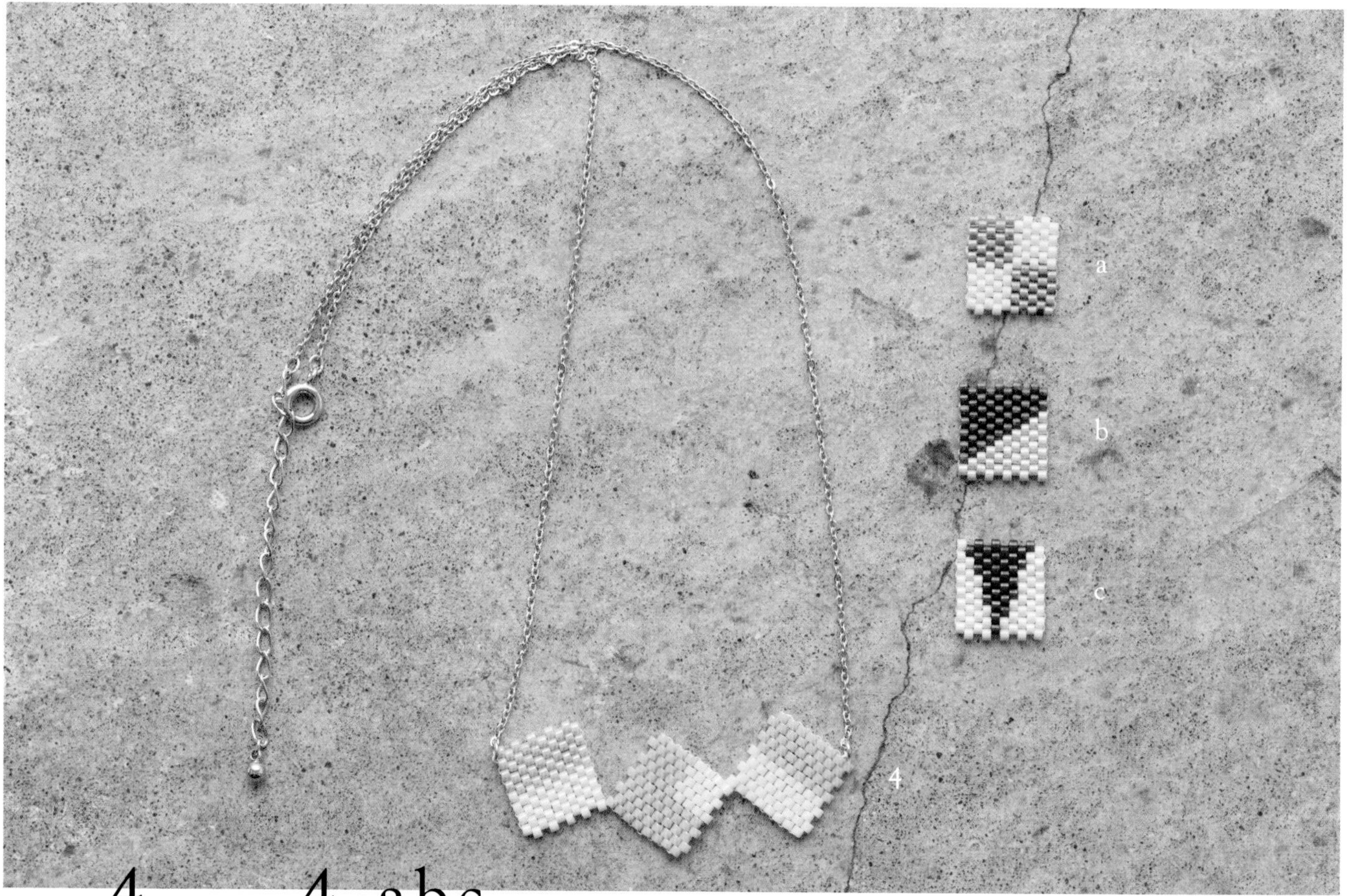

4 necklace / 4-abc [sample]

how to make > p.52 design > gingerme tomoe, kaori ishige [sample]

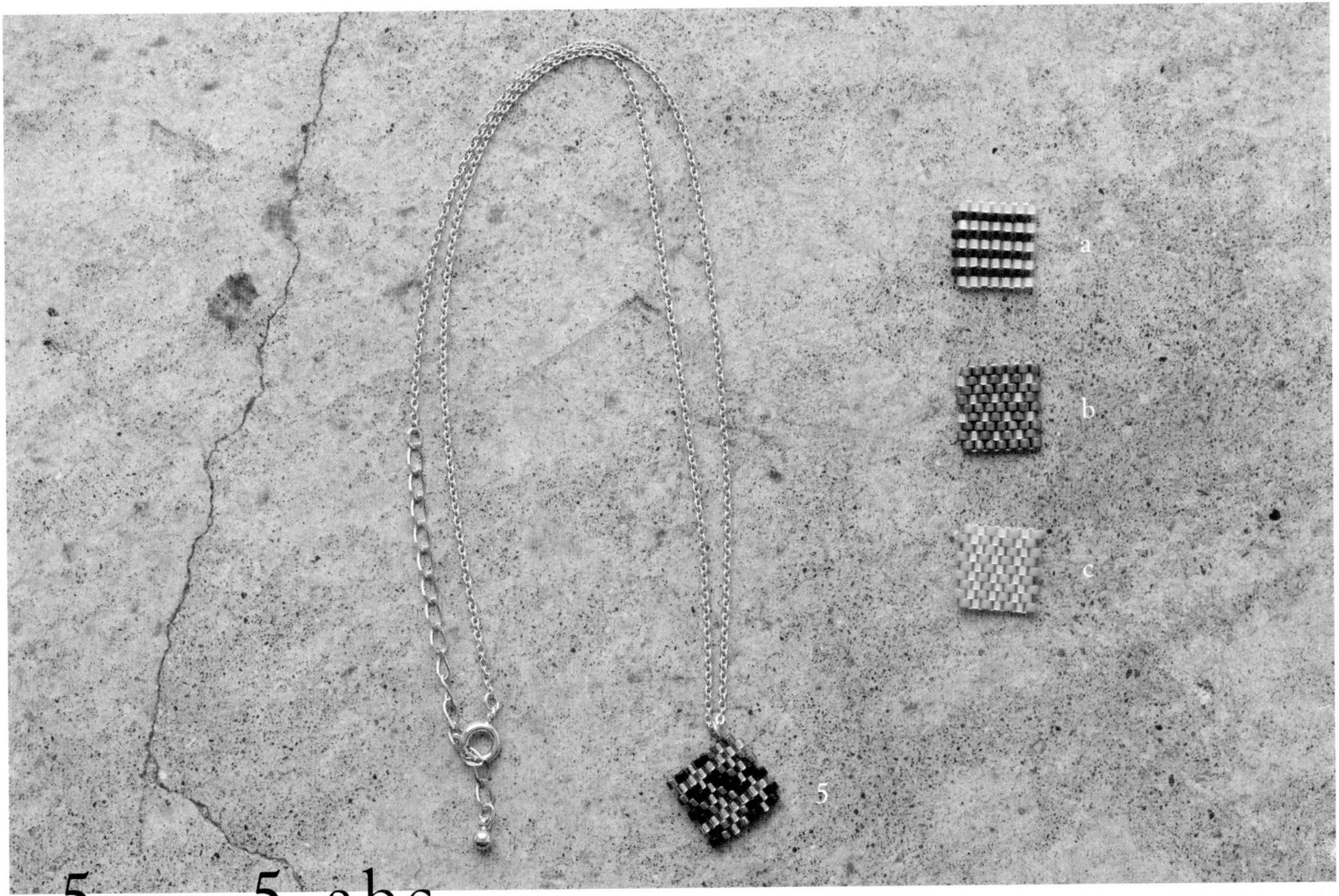

5 necklace / 5-abc [sample]

how to make > p.54 [5], p.55 [sample]　design > gingerme tomoe, kaori ishige [sample]

6 earring

how to make > p.56
design > 1740AVENUE

6-abcde [sample]

how to make > p.57 design > kaori ishige

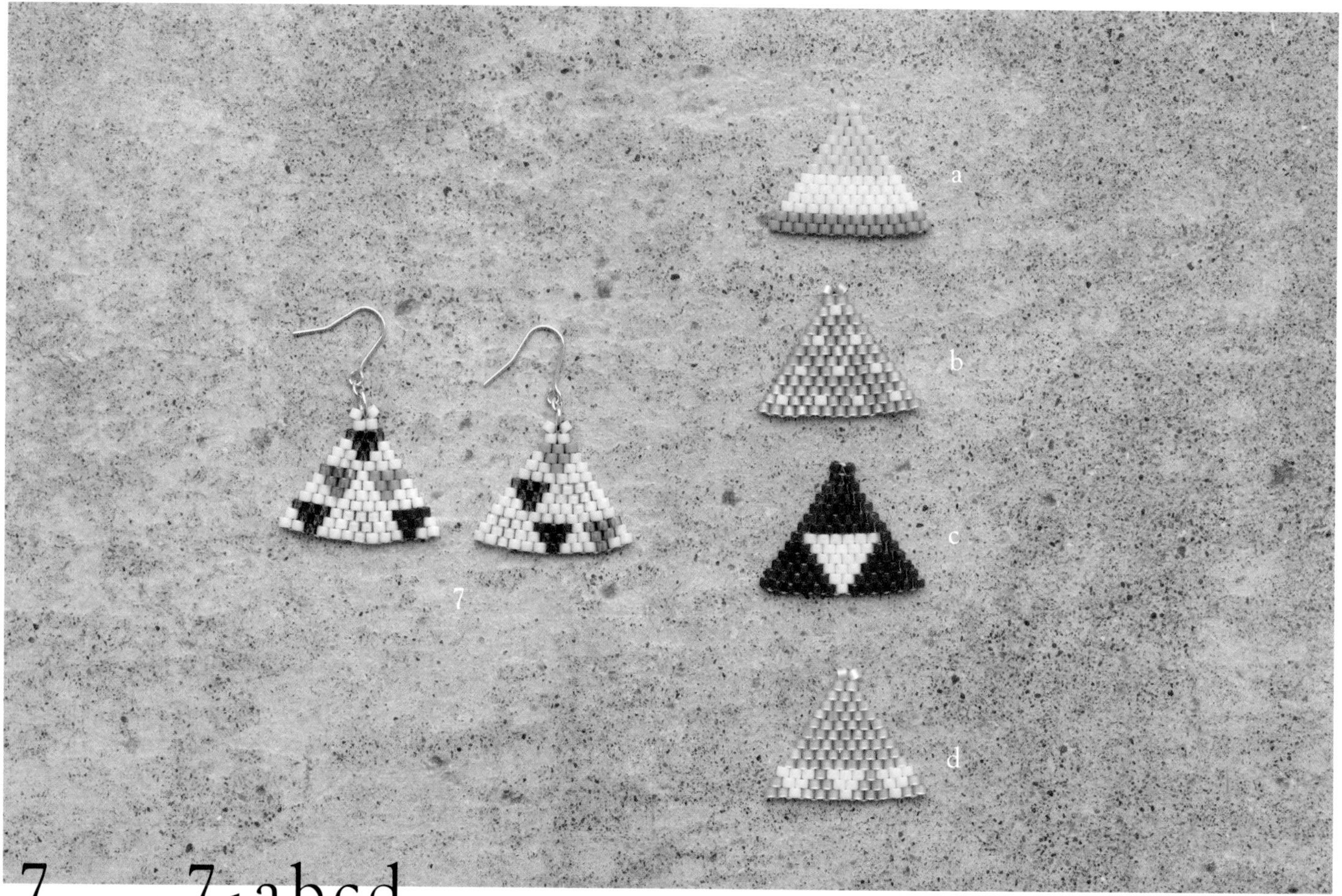

7 pierce / 7-abcd [sample]

how to make > p.58 [7], p.59 [sample] design > 1740AVENUE, kaori ishige [sample]

8,9 pierce

how to make > p.60 [8], p.61 [9]　design > 1740AVENUE

10 bracelet

how to make > p.62 design > 1740AVENUE

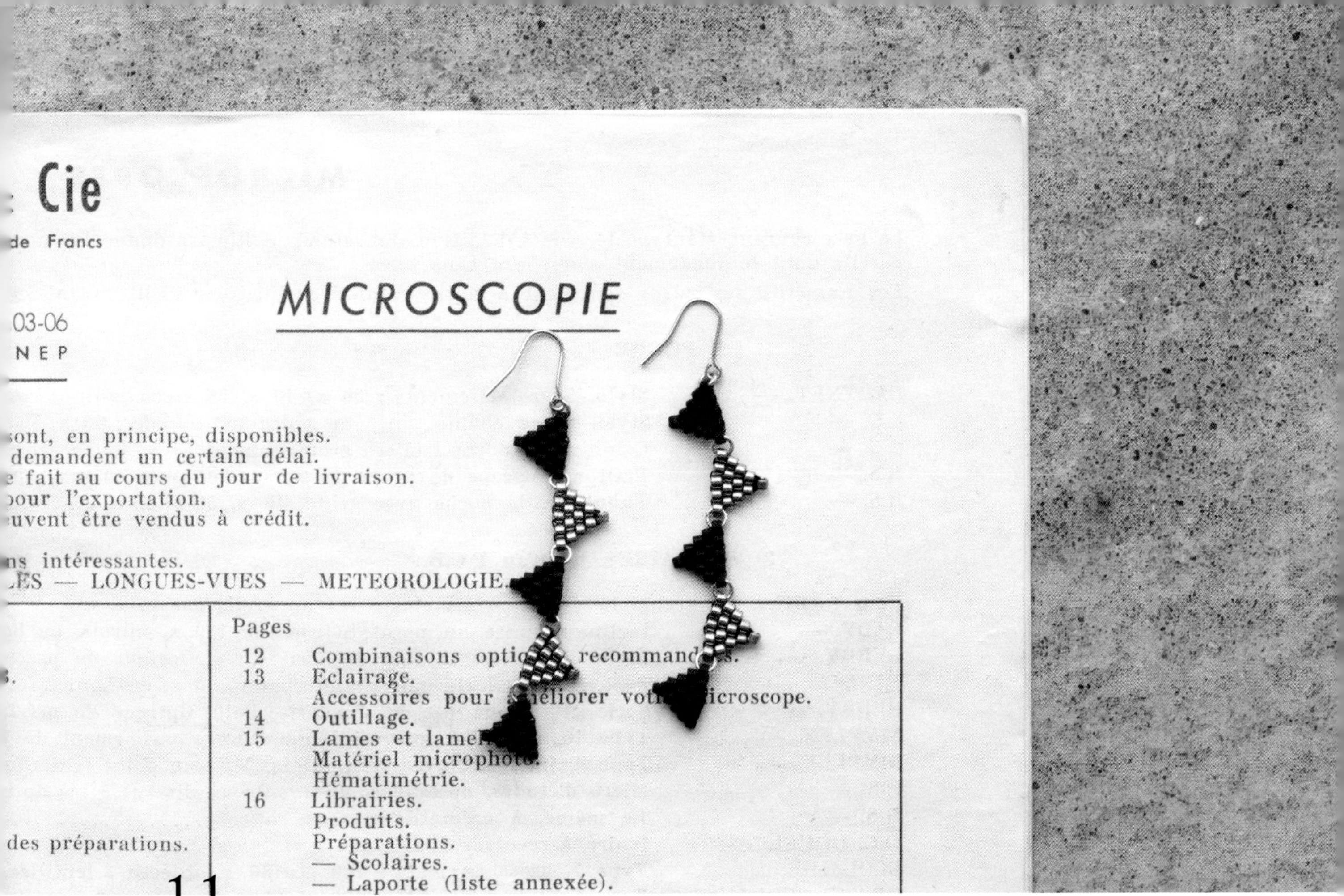

11 pierce

how to make > p.63 design > 1740AVENUE

12 necklace

how to make > p.63　design > 1740AVENUE

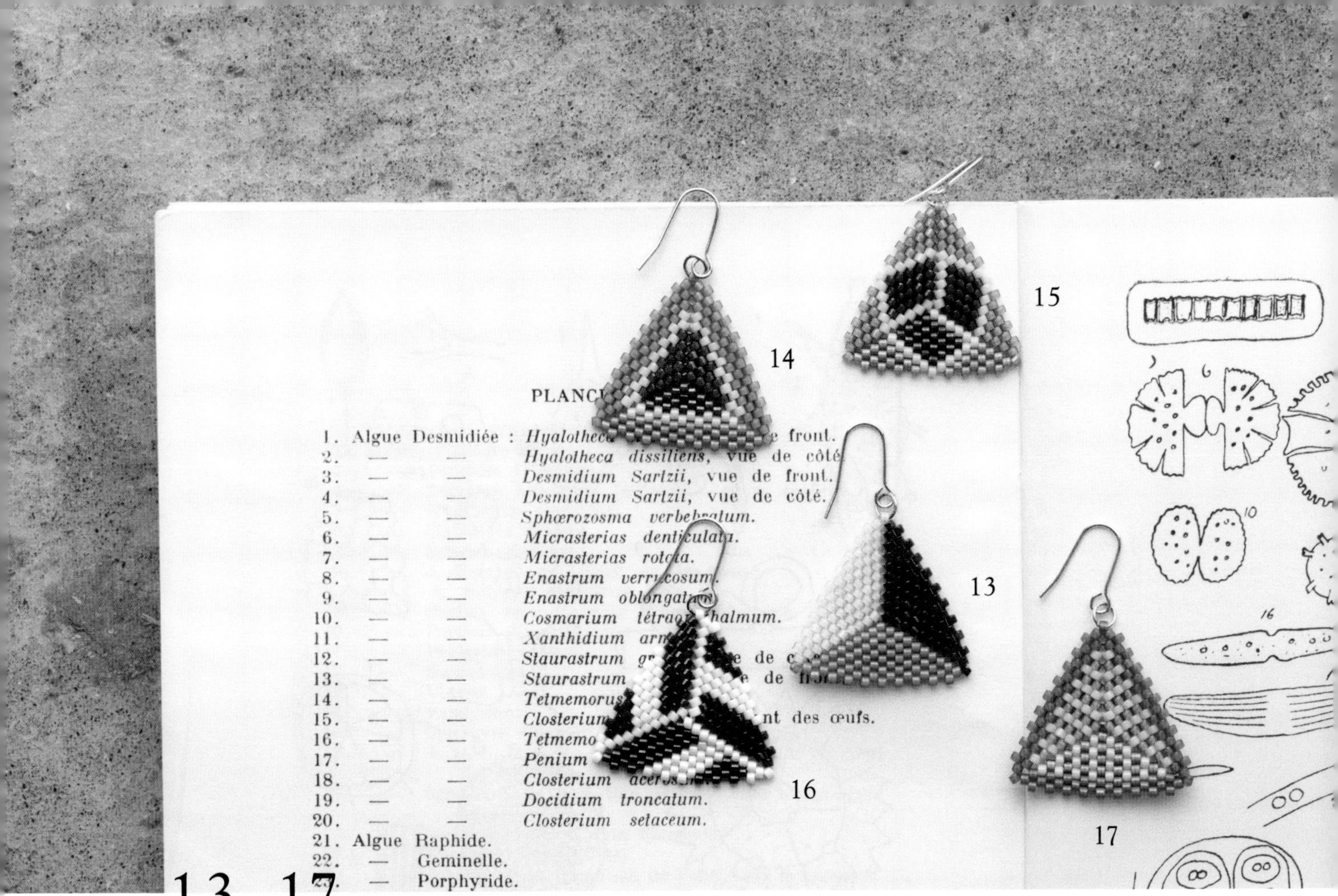

13 - 17 pierce

how to make > p.64 design > youko kagitani

18 - 20 brooch

how to make > p.66 design > youko kagitani

21-23 pierce

how to make > p.68 design > kaori ishige

24 necklace / 25 pierce / 26 bracelet how to make > p.69 [24,25], p.70 [26] design > tmm

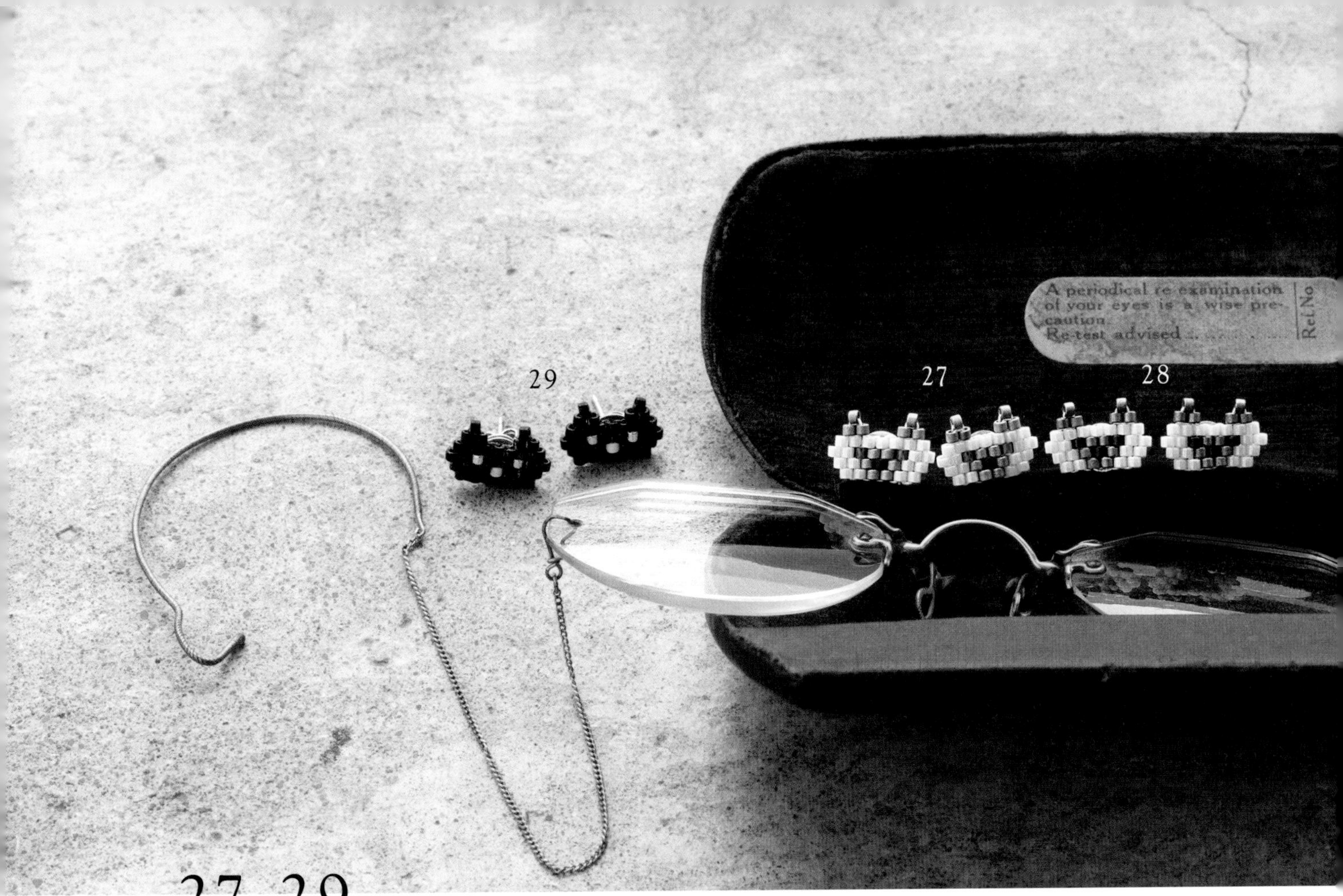

27-29 pierce

how to make > p.71 design > tmm

30, 31 pierce

how to make > p.72 design > tmm

32-34 pierce

how to make > p.73 design > tmm

35 pierce / 36 necklace

how to make > p.74 design > gingerme tomoe

35-abcdef [sample]

how to make > p.75 design > kaori ishige

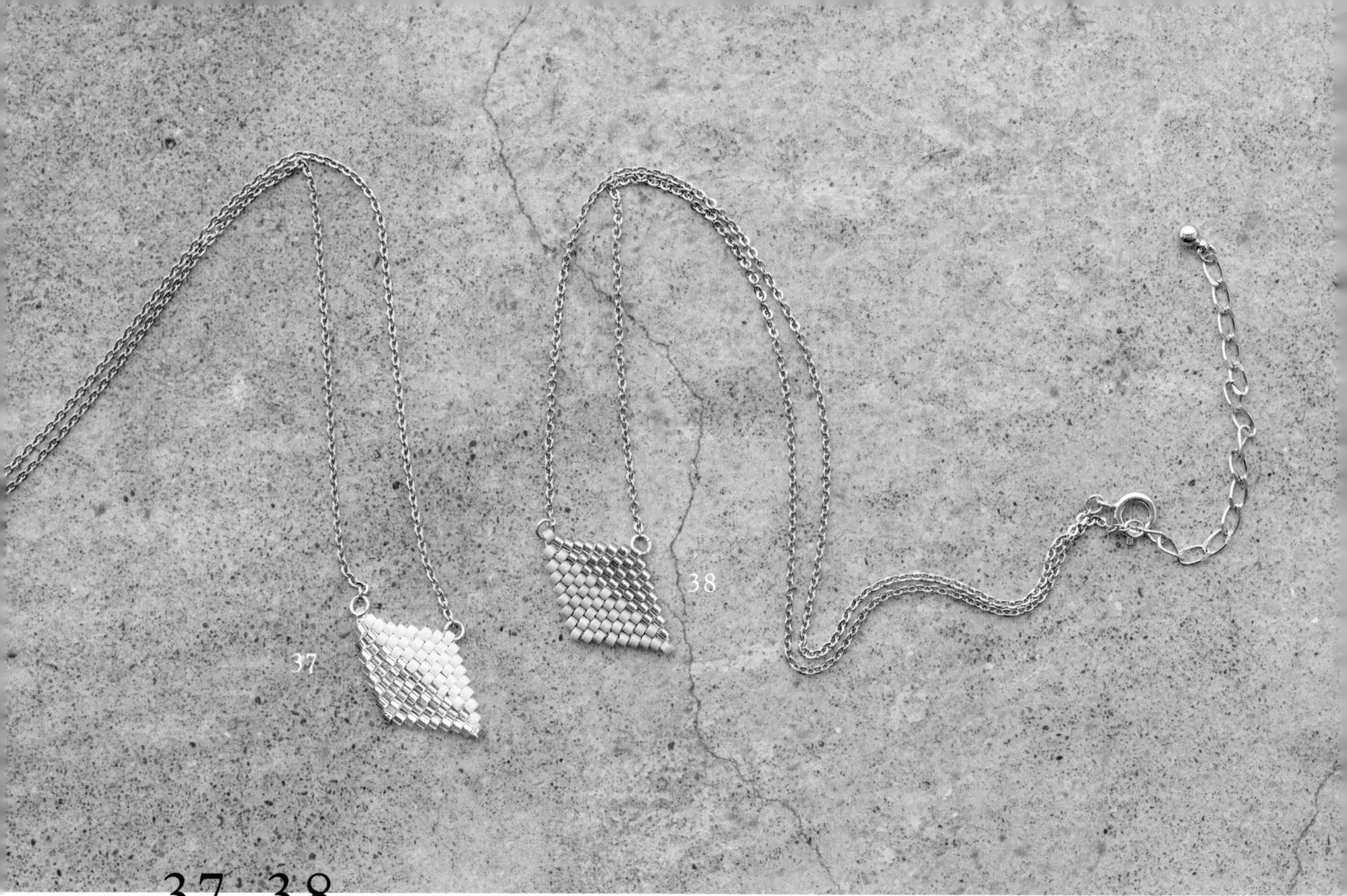

37, 38 necklace

how to make > p.76 design > gingerme tomoe

39, 40 pierce

how to make > p.77   design > MON PARURE

41 necklace / **42** earring / **43** pierce

how to make > p.78 design > gingerme tomoe

41-abcde [sample]

how to make > p.79 design > kaori ishige

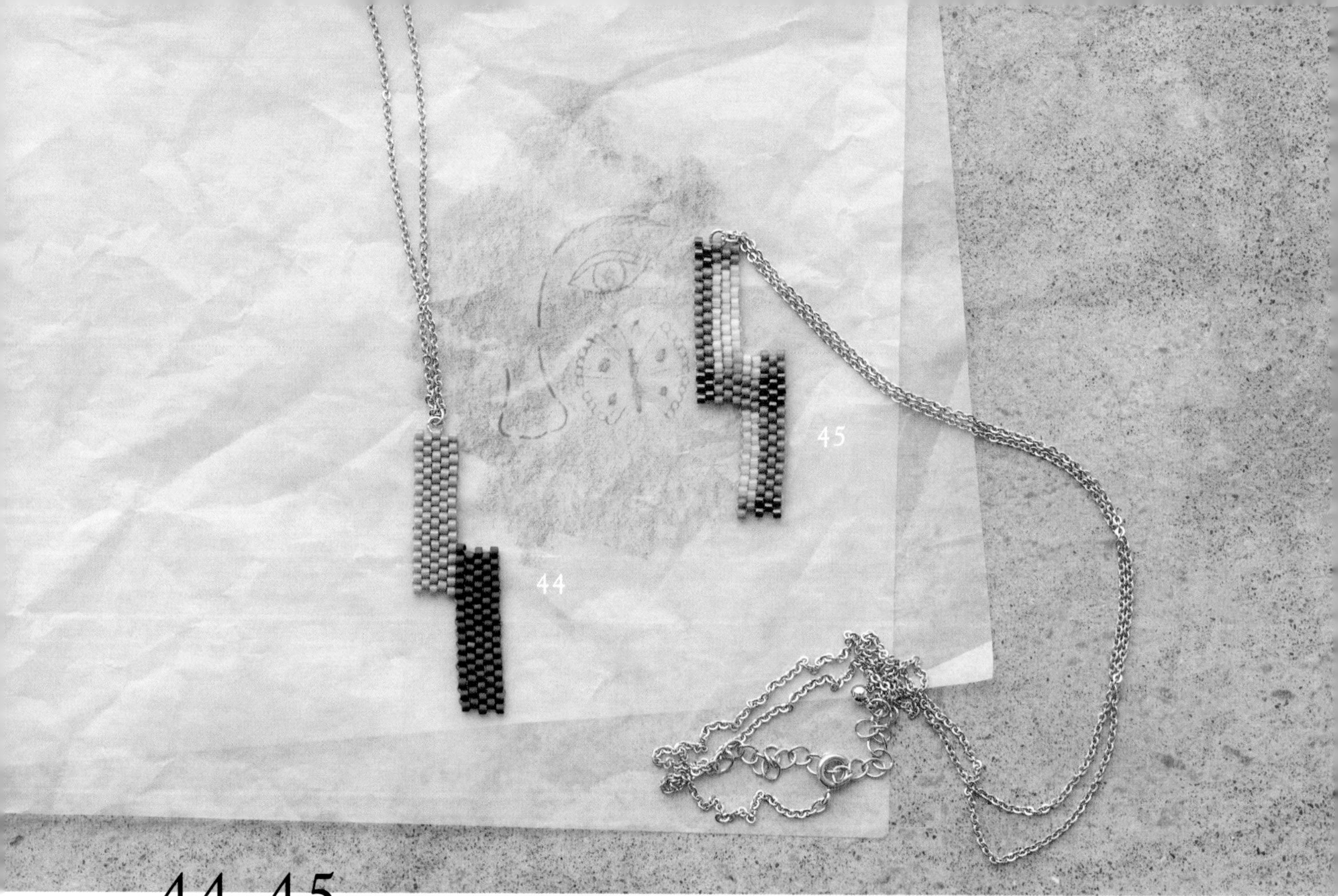

44, 45 necklace

how to make > p.80 design > gingerme tomoe

46 necklace / 47 pierce

how to make > p.81 [46], p.82 [47] design > 1740AVENUE

48, 49 pierce / 50, 51 necklace

how to make > p.83 design > MON PARURE

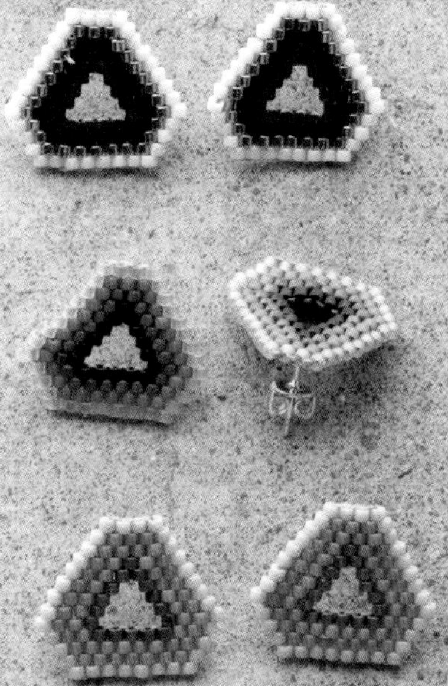

52

53

54

52 - 54 pierce

how to make > p.84 design > MON PARURE

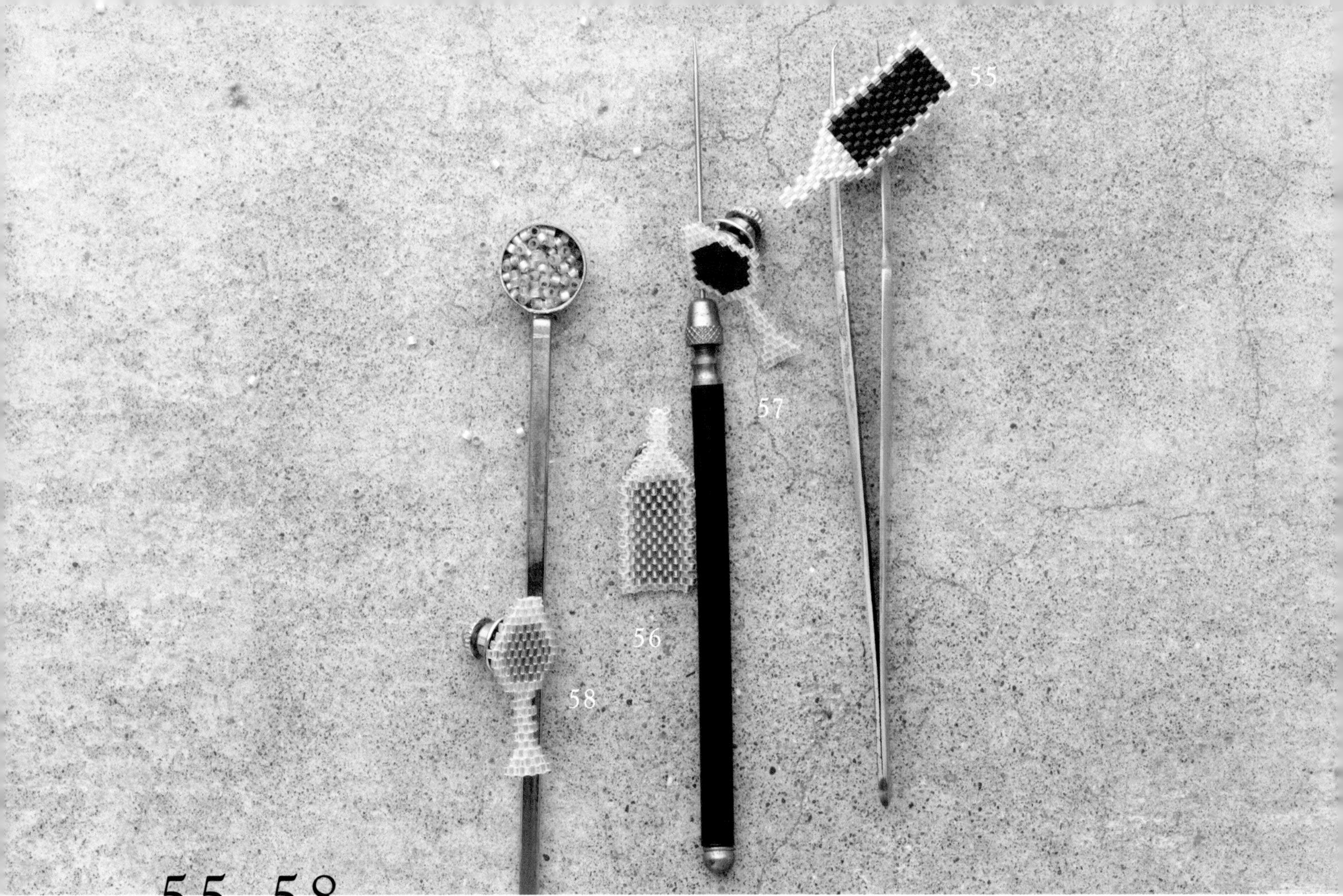

55-58 tie tack

how to make > p.85 [55,56], p.86 [57,58] design > MON PARURE

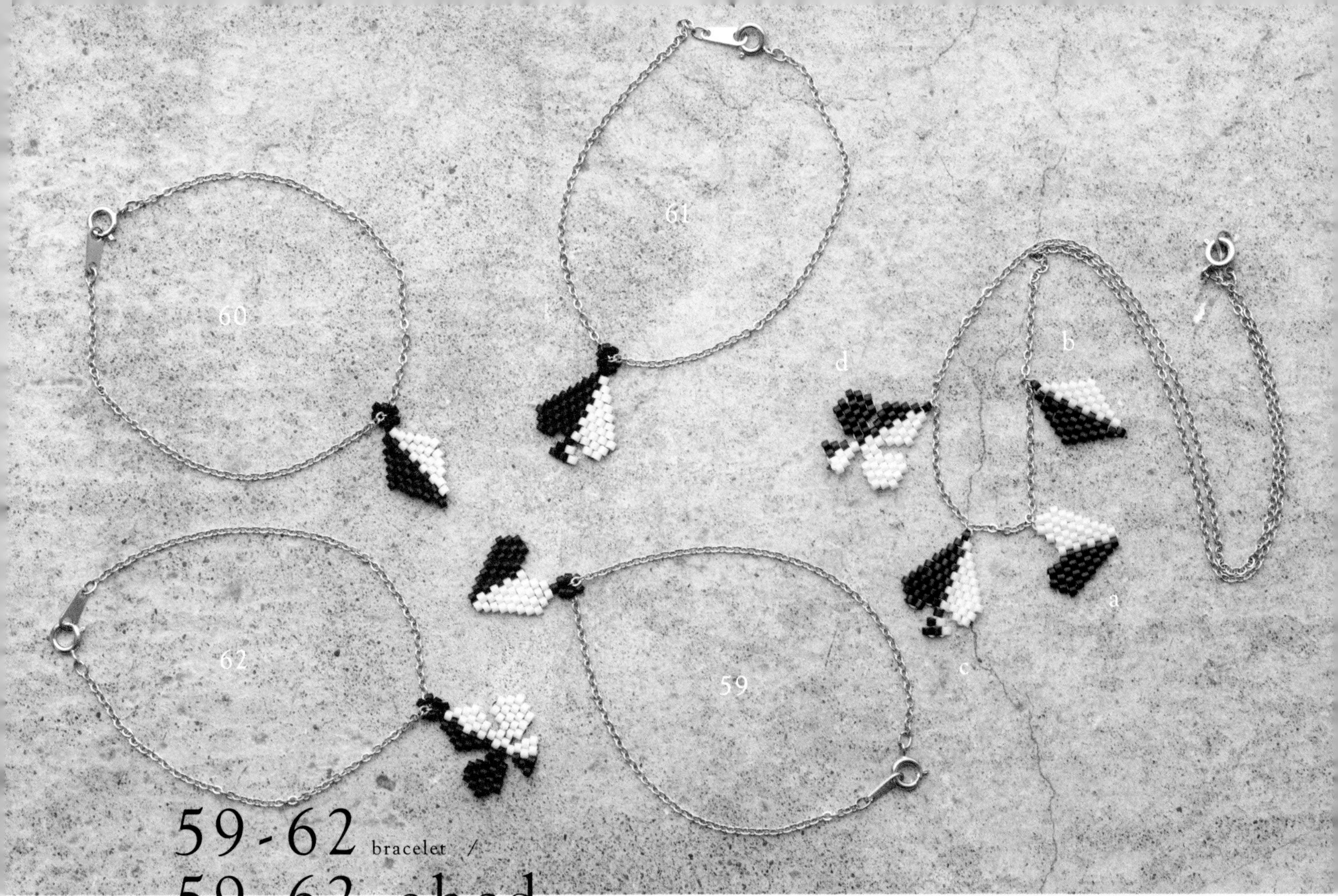

59-62 bracelet / 59-62-abcd [sample]

how to make > p.87 [59-62], p.88 [sample]　design > MON PARURE

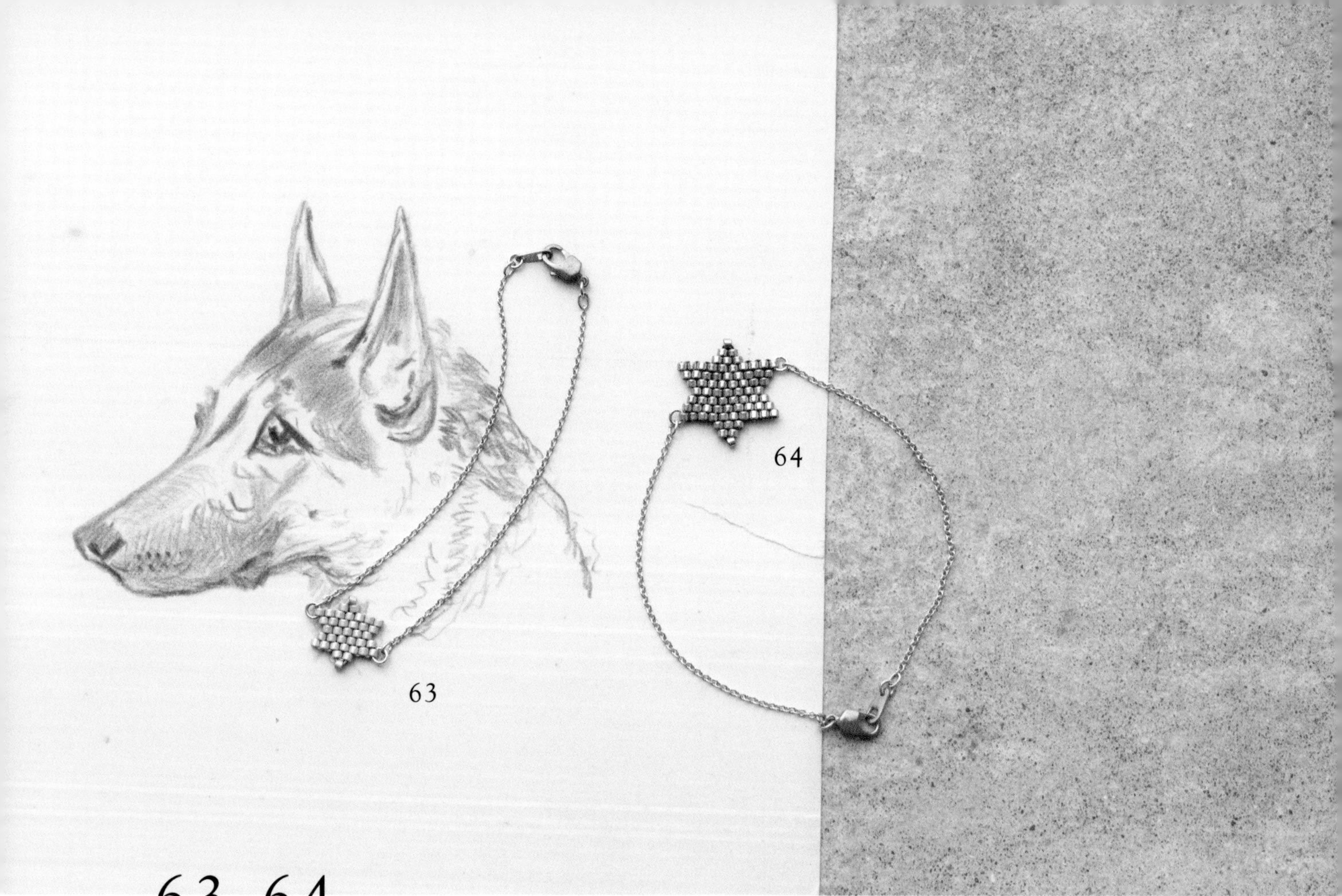

63, 64 bracelet

how to make > p.89 [63], p.90 [64] design > 1740AVENUE

65, 66 brooch

how to make > p.91 design > tmm

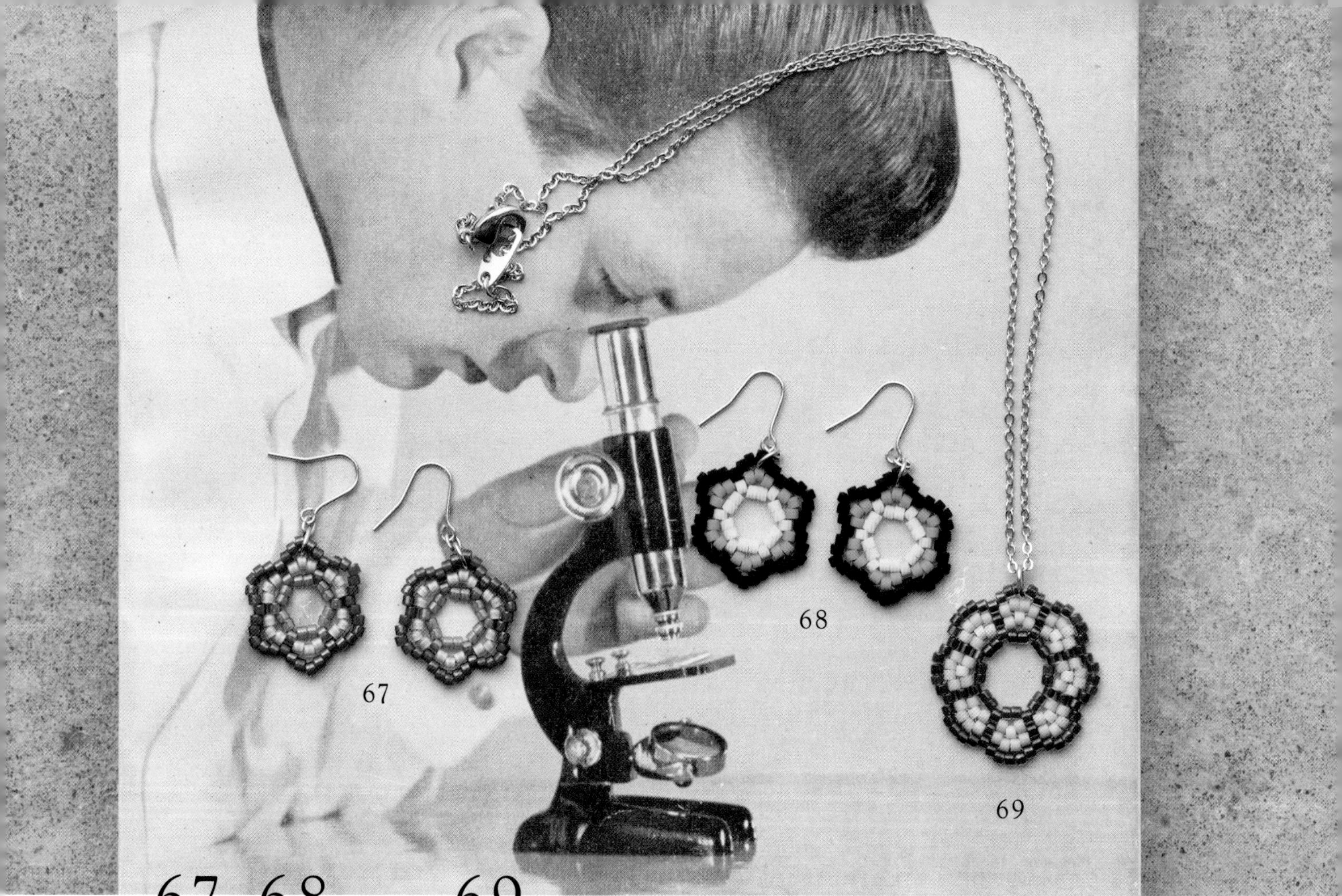

67,68 pierce / 69 necklace

how to make > p.92 [67,68], p.93 [69] design > 1740AVENUE

70-73 bracelet

how to make > p.94 design > youko kagitani

基本の道具と材料

本書のアクセサリー作りに使用する、基本的な道具と材料。

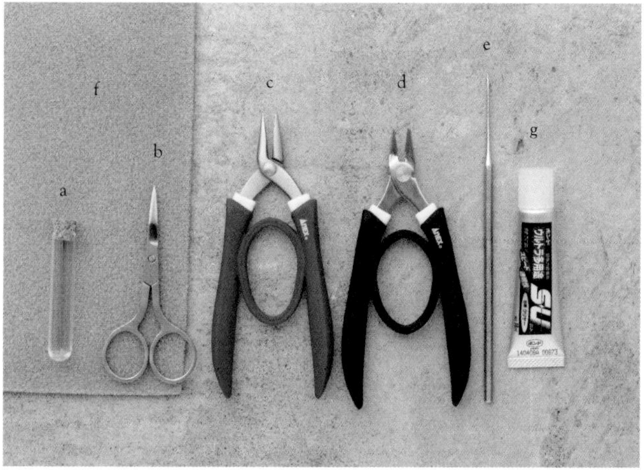

[道 具]

a **ビーズステッチ針**
ビーズの穴に何度も針を通せる細くてしなやかなビーズ専用針。

b **糸切りはさみ**
よく切れるはさみを用意すること。

c **平やっとこ**
丸カンの開閉に使用。2本あると便利。

d **ニッパー**
チェーンを切るのに使用。

e **目打ち**
チェーンのコマを広げるのに使用。

f **ビーズマット**
特殊な毛足でビーズを針で拾いやすくなっているマット。ビーズが転がりにくく作業しやすい。

g **接着剤**
ガラスや金属専用の、乾くと透明になるタイプがおすすめ。

[ビ ー ズ]

デリカビーズ
シリンダー型のビーズで、粒の形が揃っているので編み地が整いやすくビーズ初心者でもきれいに正確に編める。

[糸]

ビーズステッチ糸
糸先のほつれがなく毛羽立ちにくい、ナイロン製のビーズ専用糸。

[パ ー ツ]

a ブローチ金具　b タイタック金具　c ピアス金具　d イヤリング金具
e 引き輪　f カニカン　g Cカン　h 丸カン　i マンテル　j チェーン

ビーズステッチの基本テクニック

●糸の扱い方

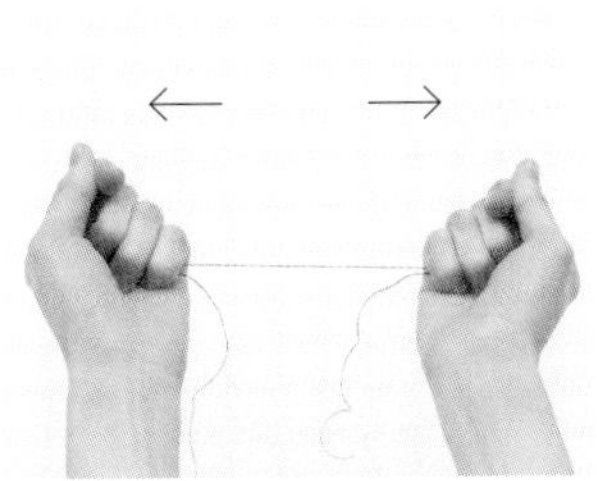

糸は指定がなければ160cm程度に切って、つなぎながら作る。巻きグセがついている場合は引っ張ってクセを取っておく。

●スタートの仕方

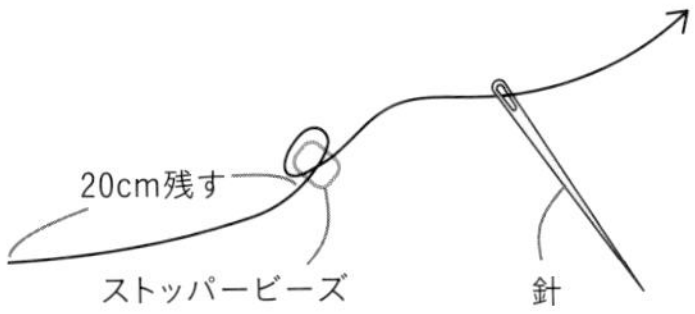

糸を指定の長さに切り、針に通す。糸端から20cmのところにビーズ1個でストッパービーズを通す。ストッパービーズはビーズが抜けないように仮につけておくものなので、どんなビーズでもかまわない。

●糸の始末の仕方

［ペヨーテステッチ］

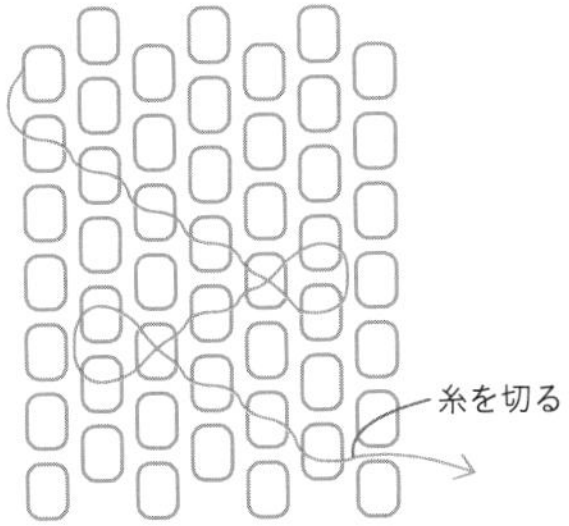

編み図の最後まで編んだら、図のように編み地に糸を2〜3回折り返すように通す。最後はビーズの際で糸を切る。

［シェイプドステッチ］

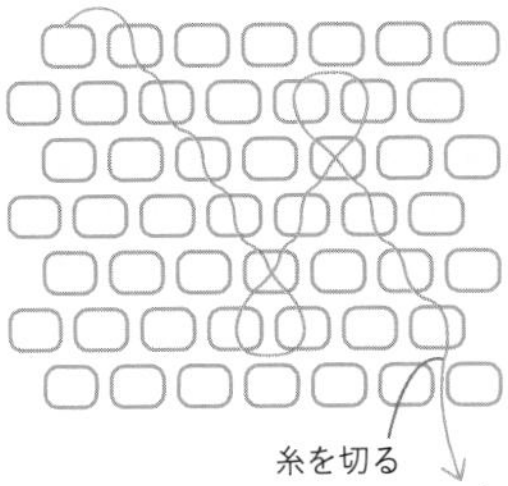

ペヨーテステッチの始末と同様に（ビーズの向きが異なる）編み地に糸を2〜3回折り返すように通す。最後はビーズの際で糸を切る。

●作り始めの糸の始末

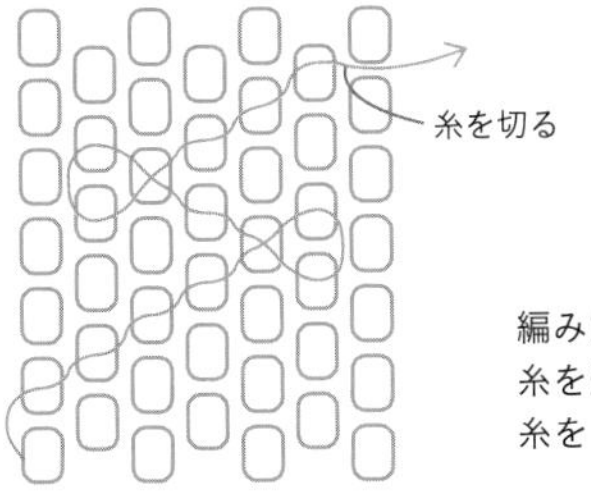

編み始めの糸からストッパービーズを外し、針に糸を通す。「**糸の始末の仕方**」と同様に編み地に糸を2〜3回折り返すように通し始末する。

●糸が足りなくなったら

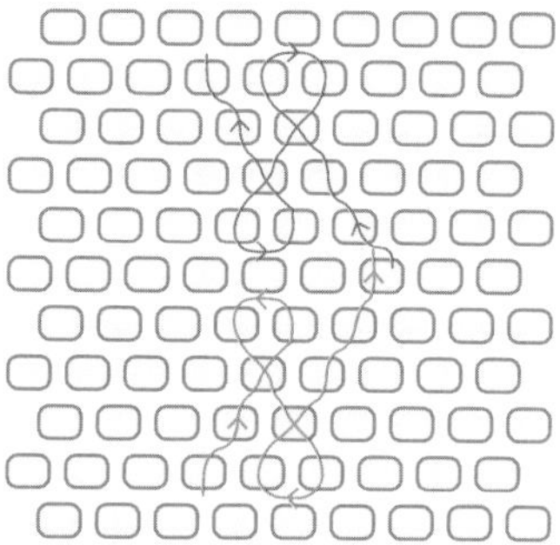

大きな作品は160cm程度ずつ糸をつぎながら作る。残りの糸が15cm程度になったらいったん針を外し、糸を休ませておく。新しい糸を図のように編み地に２～３回折り返すように通し、古い糸が出ているビーズから出し続きを編む。ある程度編んだら、古い糸を続きの編み地に同様に折り返すように通し始末する。

●丸カン（Cカン）の開き方

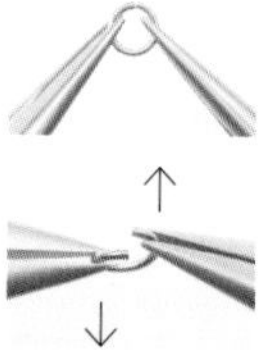

平やっとこを両手に１本ずつ持ち、両方の平やっとこで丸カン（Cカン）を挟む。手首を前後にひねり、カンの輪を前後にずらすように開く。閉じるときも同様に、前後にずらして閉じる。＊横にのばすように開くと、金属疲労でカンが切れることがあるので注意。

●チェーンのコマを広げる

１コマが細かくカンを通しにくいチェーンは、目打ちを差し込んで広げてからカンを通す。

●丸カンのつけ方

［ペヨーテステッチ］

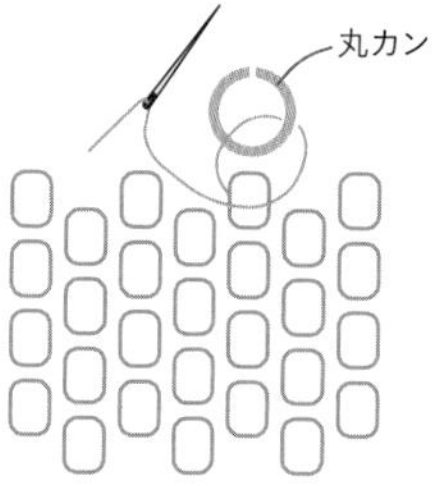

❶丸カンをつけたいビーズから糸を出し丸カンを１個通し、ビーズの反対側から糸を通す。

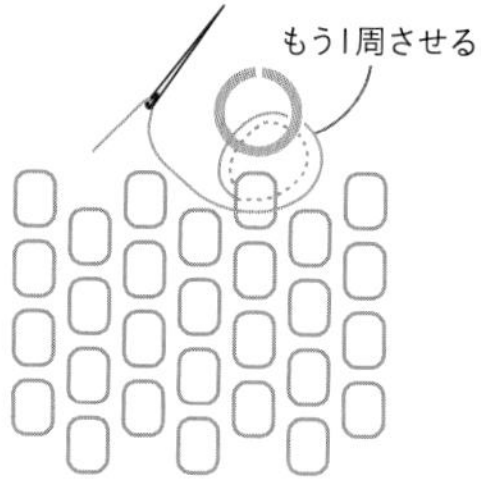

❷❶と同様にもう１周通す。

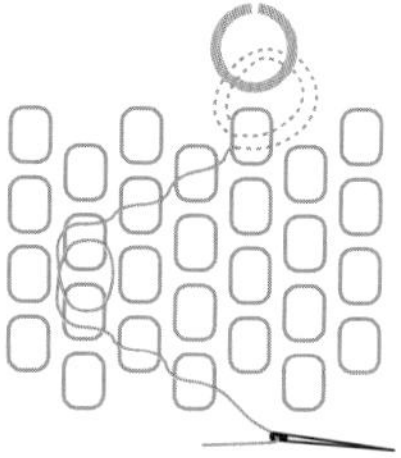

❸p.41の「**糸の始末の仕方**」と同様に、編み地にビーズを２～３回折り返すように通し始末する。

［シェイプドステッチ］

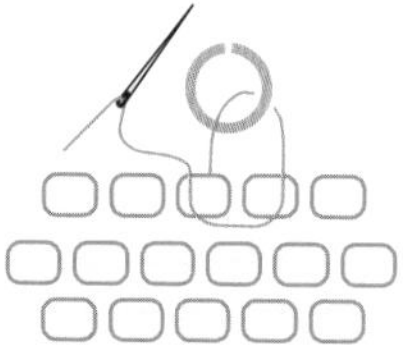

❶丸カンをつけたいビーズから糸を出し丸カンを１個通し、隣のビーズに上から、最初に糸が出ていたビーズに下から糸を通す。

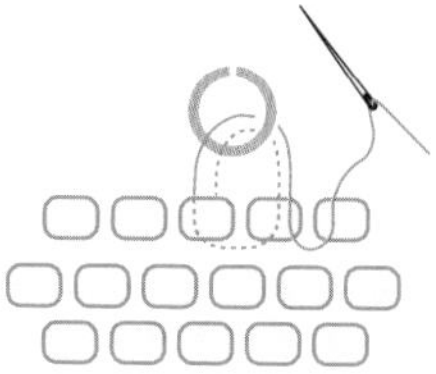

❷丸カンにもう一度糸を通し、隣のビーズに上から、その隣のビーズに下から糸を通す。編み地にビーズを２～３回折り返すように通し始末する（p.41「**糸の始末の仕方**」参照）。

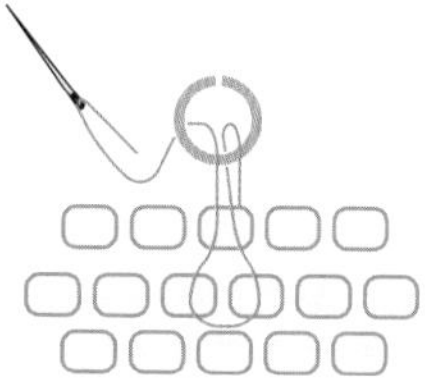

＊ビーズ１個だけにつけたい場合は図のように通す。

ペヨーテステッチの基本テクニック

p.8「4 necklace」を例に。ペヨーテステッチの基本的な編み方で作るスクエアのモチーフ。

材料

デリカビーズ
　A 白（DB211）40 個
　B 黄緑（DB262）40 個
丸カン 0.6 × 3 mm（ゴールド）　1 個
ビーズステッチ糸（白）100cm

編み方図案

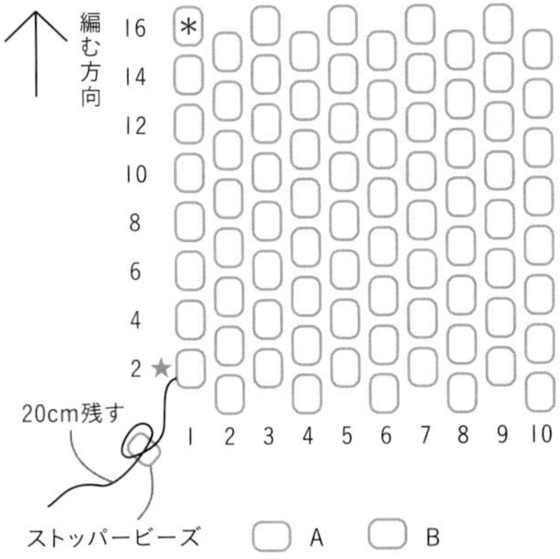

★……作り始め
＊……丸カンを通す

●偶数目（基本のステッチ）

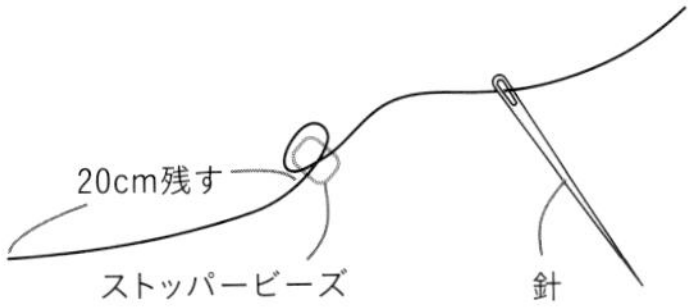

❶針に糸100cmを通して、糸端20cmを残してストッパービーズを通す。

❷1、2段目になるビーズを10個通す。

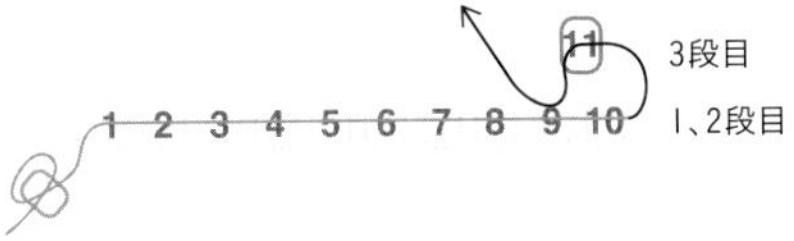

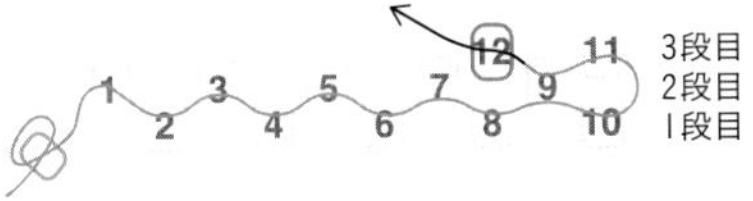

❸3段目を編む。ビーズを1個（**11**）を通し、針を折り返して**9**のビーズ（2段目のビーズ）を拾う。

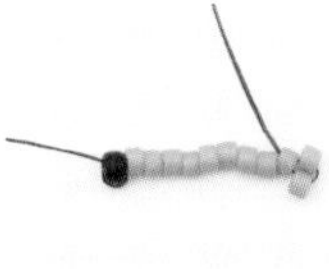

❹新たなビーズ1個（**12**）を通す。

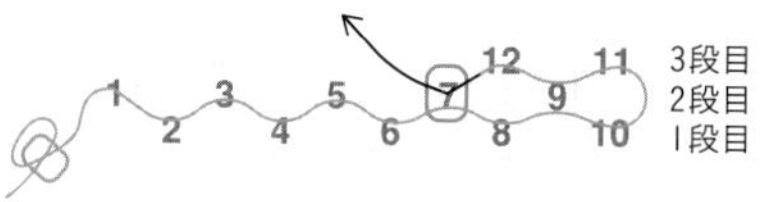

❺隣の**7**のビーズ（2段目のビーズ）を拾う。

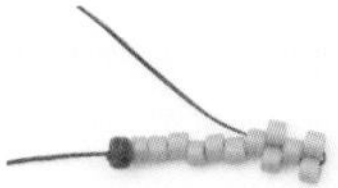

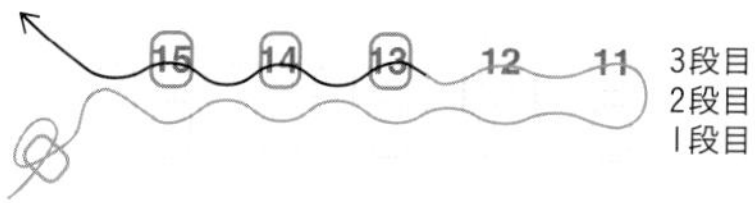

❻❸〜❺と同様にビーズを1個通しては2段目のビーズを拾い編み進め、端の2段目のビーズから糸を出す。

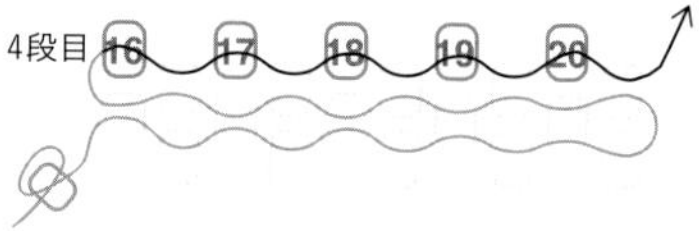

❼❸〜❻とは進行方向を逆にして4段目を編む。ビーズを1個通しては3段目のビーズを拾い編み進め、端の3段目のビーズから糸を出す。

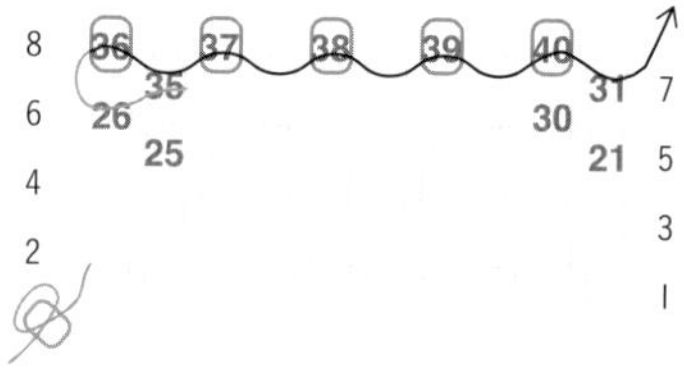

❽同様にくり返して8段目まで編む。

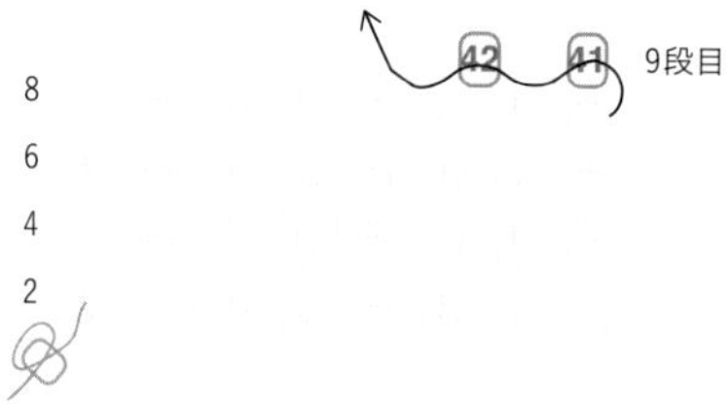

❾9段目からはビーズの色を変えて編む。

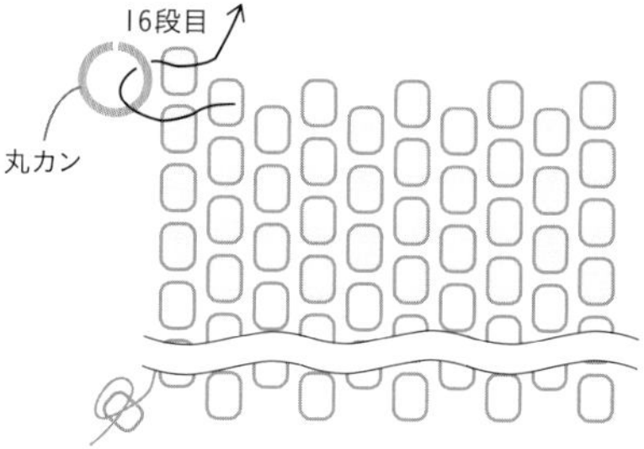

❿15段目まで編んだら丸カンを通し、16段目のビーズを1個通す。

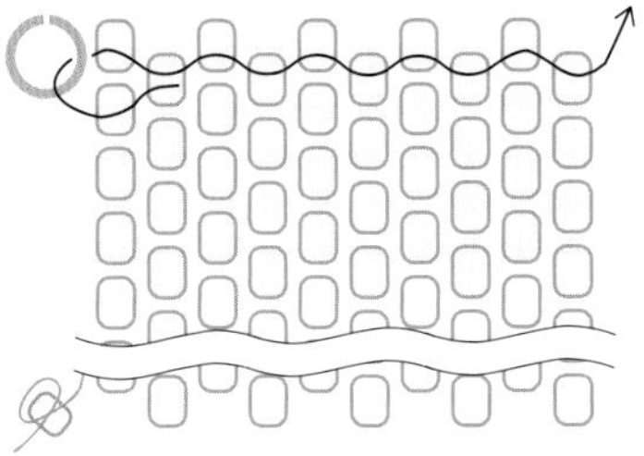

⓫続けて16段目を編み、
端は15段目のビーズから
糸を出す。

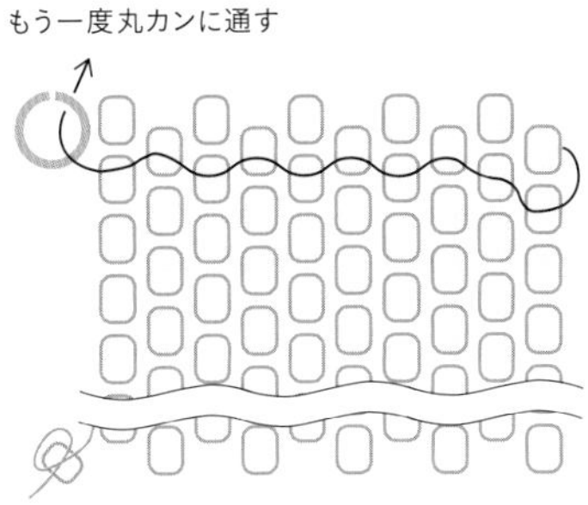

⓬1つ下のビーズを拾い図のように丸カンの位置まで糸を通して戻し、もう一度丸カンに糸を通す。

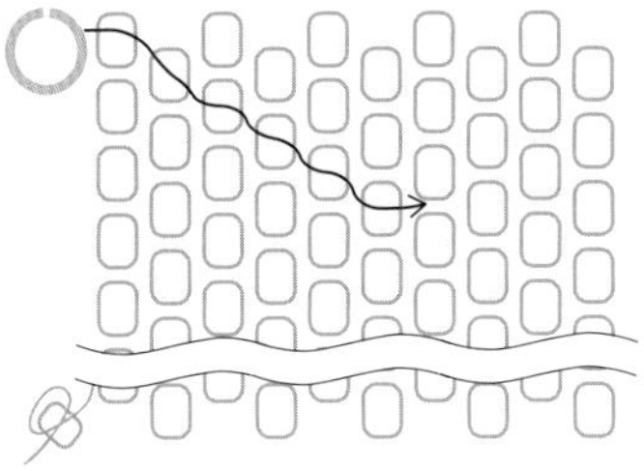

⓭一番上のビーズを拾い糸を始末する。編み地に右斜め下に向かって糸を通す。

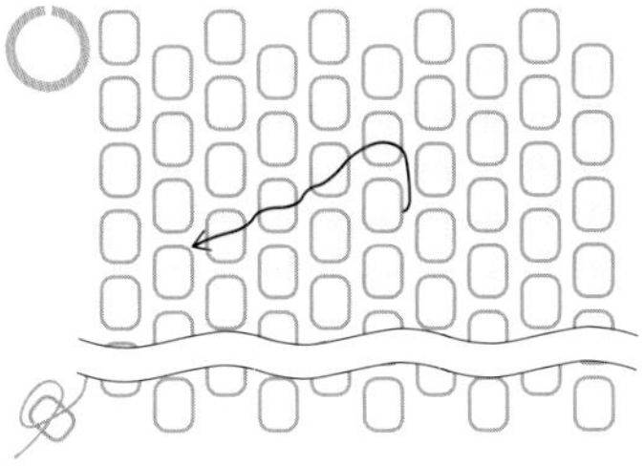

⓮糸を折り返し左斜め下に向かって糸を通す。

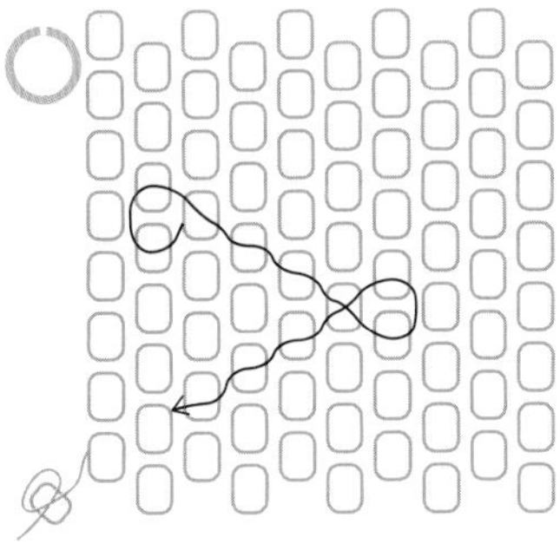

⓯もう1往復折り返して糸を通し、糸はビーズの際で切る。

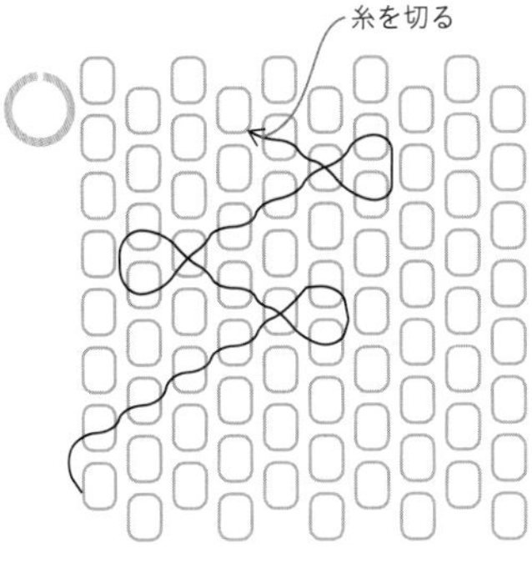

⓰作り始めの糸もストッパービーズを外して針に糸を通し、始末する（p.41「**作り始めの糸の始末**」参照）。

ペヨーテステッチ

●偶数目（基本のステッチ）

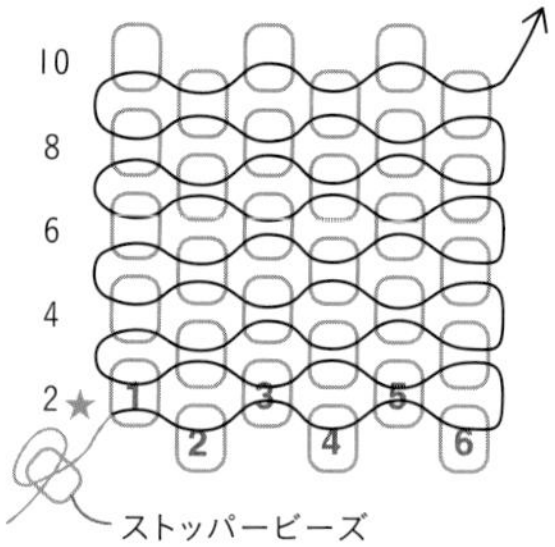

p43、44の❶～❻の通りに3段目まで編み、4段目以降はビーズを1個通しては1個拾い編み進める。

●奇数目（ターンの必要なステッチ）

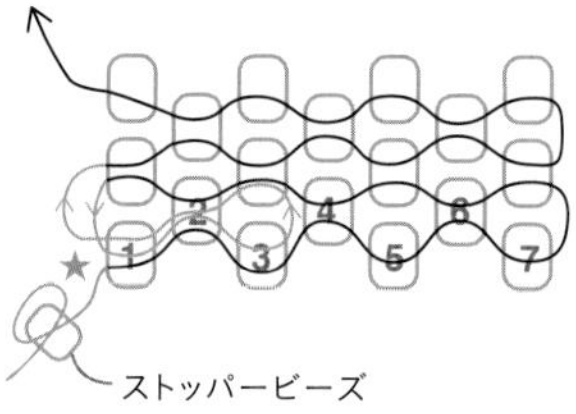

目の数が奇数の場合、編み始め側がビーズを通しただけで終わってしまうため、糸の向きを反転させる必要がある。毎回、図のようにターンさせる。

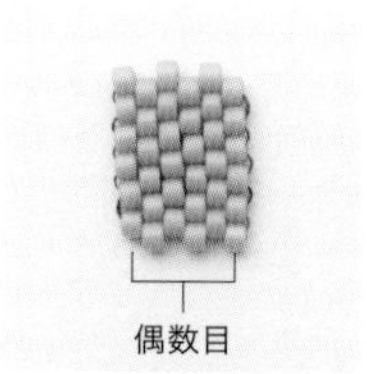

偶数目

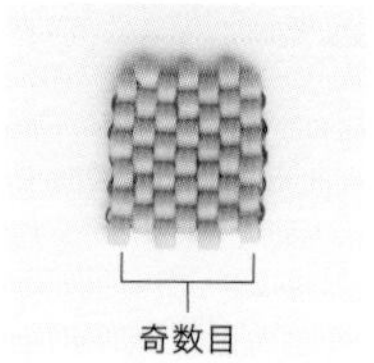

奇数目

●増目（途中で目を増やす）

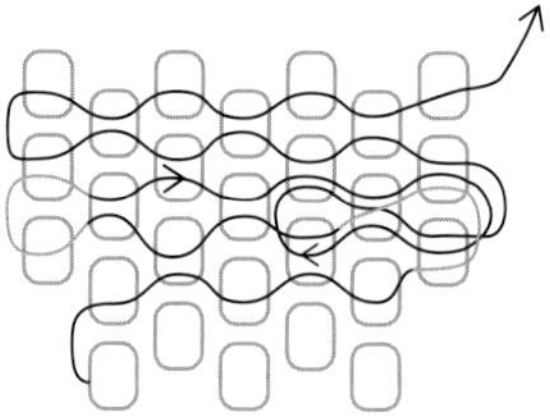

端でビーズを2個通し、目を増やす。

●減目（途中で目を減らす）

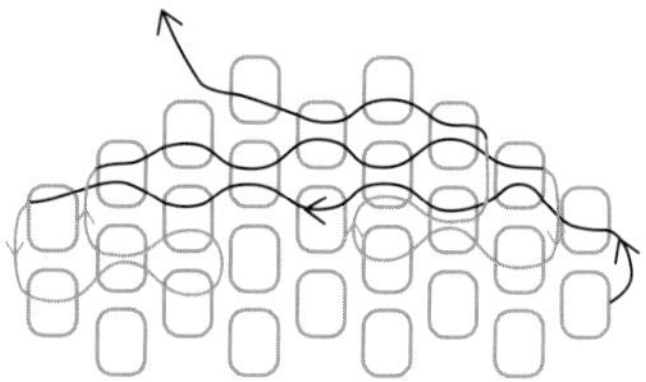

奇数目と同じように端でターンさせて戻り、目を減らす。

ペヨーテサーキュラー（円形に編む）

１段目

糸端にストッパービーズを通しビーズを３個通し、最初のビーズ（**1**）に戻して輪にする。

２段目

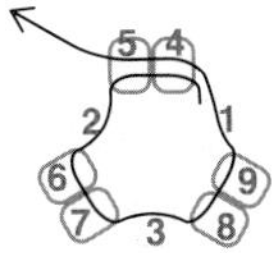

２段目のビーズを２個通し、１段目のビーズを１個拾い編み進める。最後は、２段目の最初の２個（**4**、**5**）をもう一度拾う。

３段目

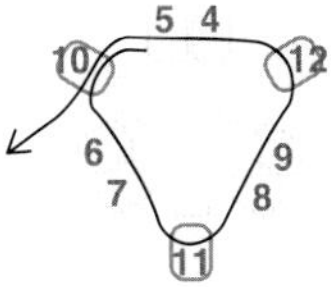

３段目のビーズを１個通し、２段目のビーズを２個拾い編み進める。最後は、３段目の最初の１個（**10**）をもう一度拾う。

４、５、６段目

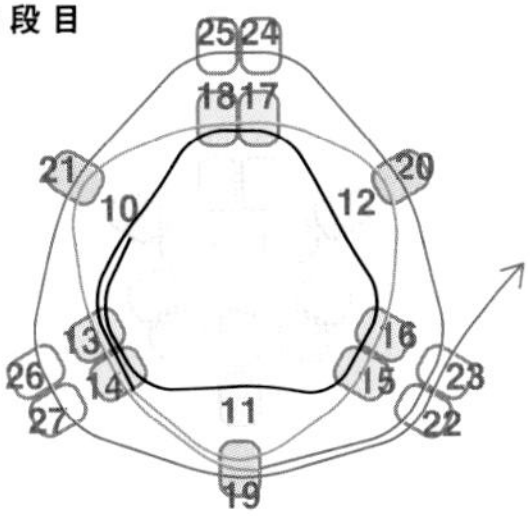

４段目は２個、５段目は１個、６段目は２個ずつを、前の段のビーズを拾いながら編む。

三角ペヨーテ（三角形に編む）

ペヨーテサーキュラーと同様にスタートを輪にし、角の数を減らして三角形に編む方法。

１段目

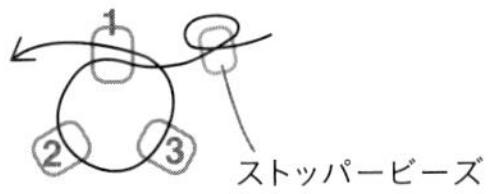

ペヨーテサーキュラーと同様に、糸端にストッパービーズを通し、ビーズを３個通し、最初のビーズ（**1**）に戻して輪にする。

２段目

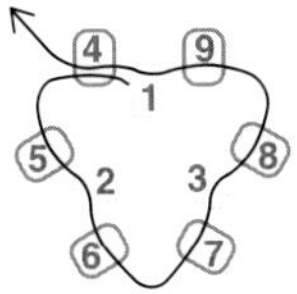

ペヨーテサーキュラーと同様に２段目のビーズを２個通し、１段目のビーズを１個拾い編み進める。最後は２段目の最初の１個だけ（**4**）をもう一度拾う。

３段目

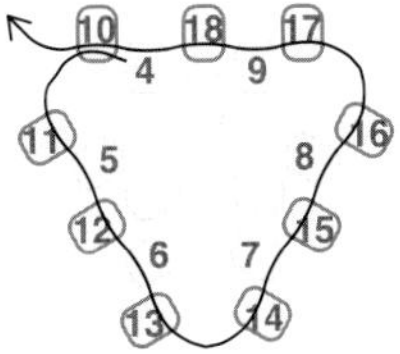

３段目のビーズを通し、２段目のビーズを１個だけ拾い編み進める。角の部分は２個通す。最後は３段目の最初の１個だけ（**10**）をもう一度拾う。

４、５、６段目

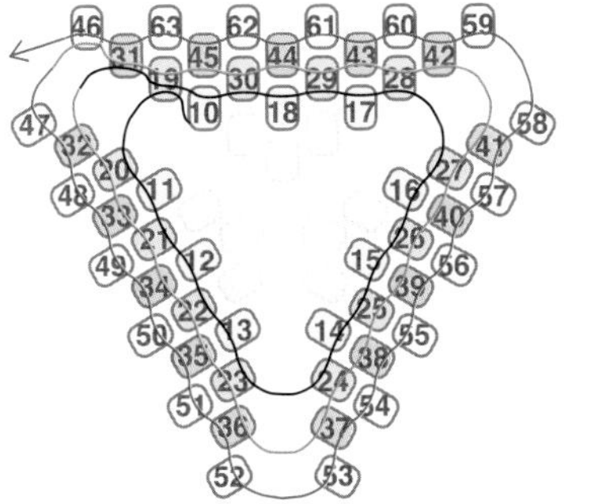

図のように編む。三角形の辺の部分は１個通して１個拾い、角の部分は２個通して１個拾う。

シェイプドステッチの基本テクニック

p.7「3 earring」を例に。シェイプドステッチの基本的な編み方で作るスクエアのモチーフ。

材料

デリカビーズ
　クリーム（DB1511）　63個
丸カン 0.6 × 3 mm（ゴールド）　1個
ビーズステッチ糸（アイボリー）　100cm

編み方図案

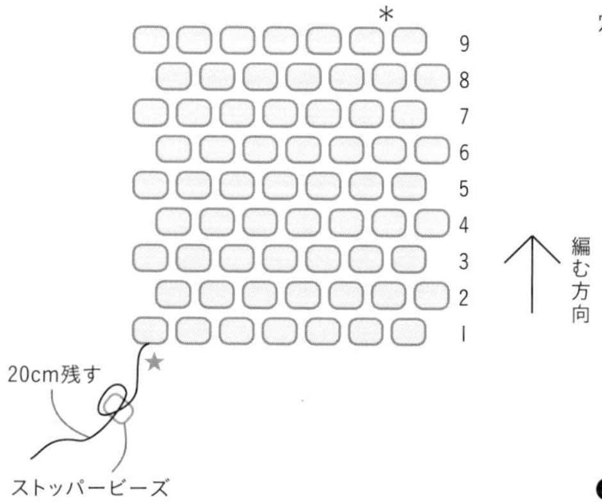

★……作り始め
＊……丸カンを通す

●1段目が奇数個の場合

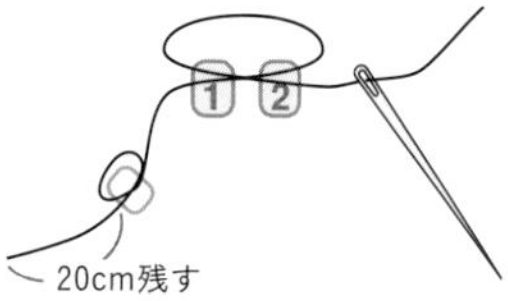

❶針に糸100cmを通して糸端20cmを残してストッパービーズを通し、ビーズ2個を図のように通して輪を作る。ビーズの穴が縦になるように開く。

❷**3**のビーズを通し、**2**のビーズの上から糸を通し、さらに**3**のビーズに下から糸を通す。

❸**4**のビーズを通し、**3**のビーズに下から、**4**のビーズに上から糸を通す。この編み方を「ラダーステッチ」と言う。シェイプドステッチの1段目はすべてラダーステッチで編む。

❹同様にくり返し**7**のビーズまで通す。1段目が編めた。

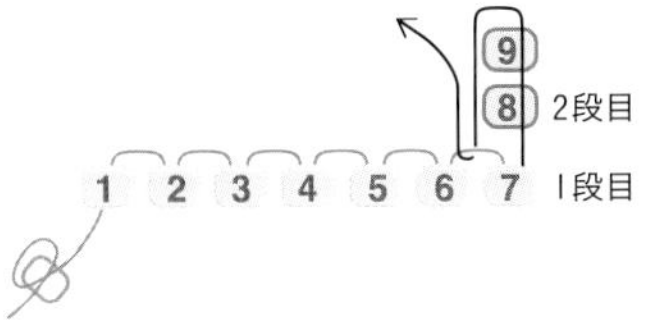

❺2段目を編む。**8**、**9**のビーズを通し**6**と**7**の渡り糸（前の段で通した糸）に奥から手前側に針を入れる。

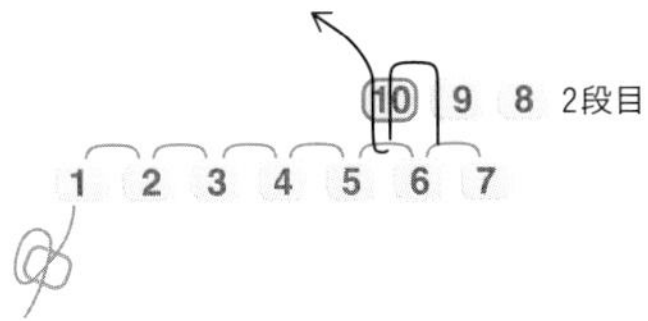

❻**9**のビーズに下から通して引きしめるとビーズがきれいに並ぶ。毎回糸を引きしめて編む。続いて**10**のビーズを通し、**5**と**6**の渡り糸に奥から手前側に針を入れ、**10**のビーズに下から糸を通す。

糸を引きしめる

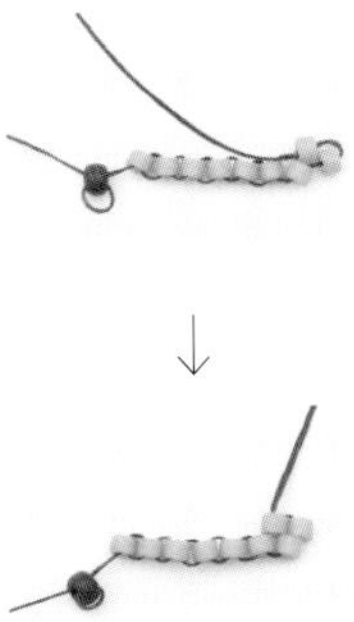

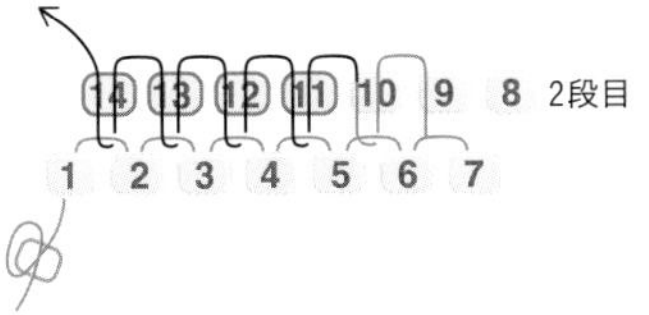

❼同様にくり返し**14**のビーズまで通す。2段目が編めた。

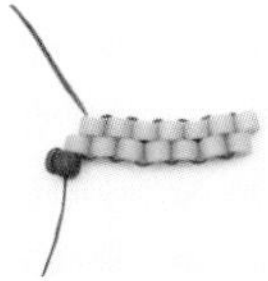

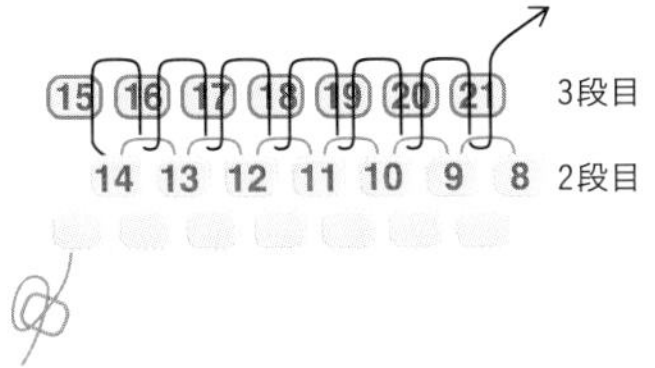

❽3段目も同様に進行方向を逆にして編む。渡り糸には必ず奥から手前側に針を入れる。

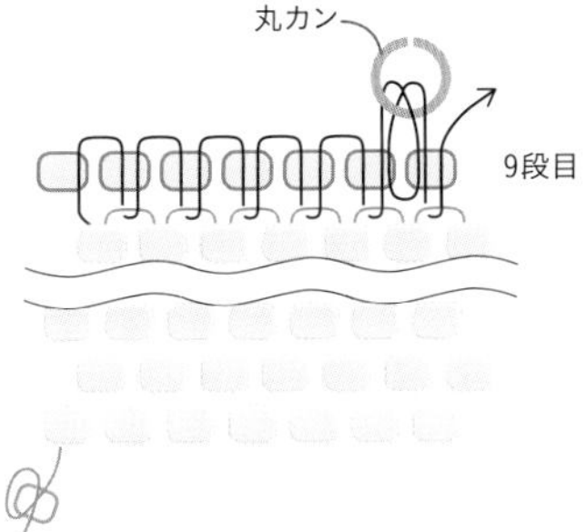

❾同様にくり返し9段目の最後から2番目のビーズを通したら、丸カンを通す。最後のビーズを通し図のように丸カンにもう1回糸を通し、9段目の端のビーズから糸を出す。

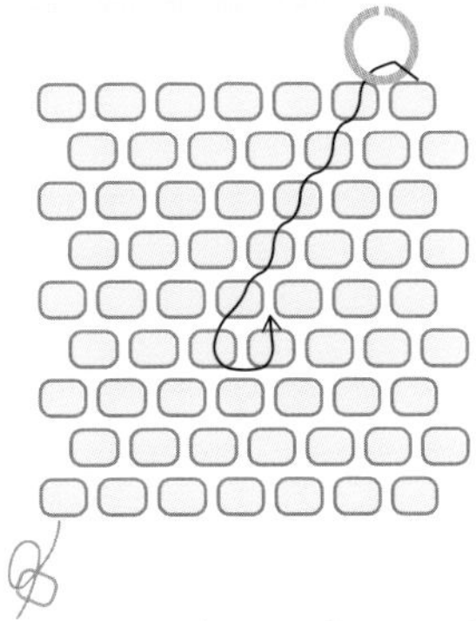

❿糸を始末する。丸カンに糸を通し隣のビーズを拾い、編み地に左斜め下に向かって糸を通し折り返す。

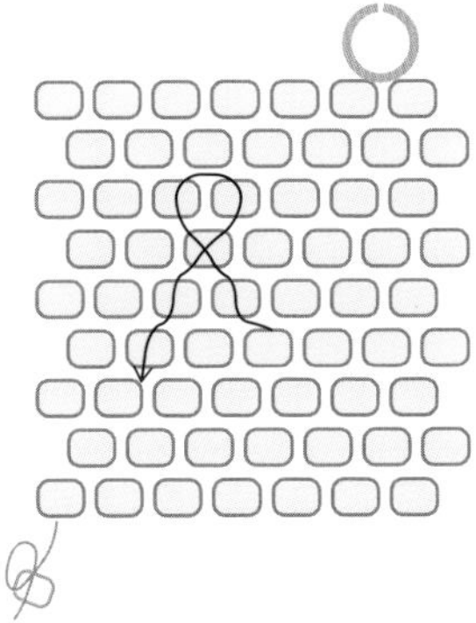

⓫編み地に左斜め上に向かって糸を通して折り返し、さらに左斜め下に向かって糸を通す。糸はビーズの際で切る。編み始めの糸もストッパービーズを外して針に糸を通し、始末する（p.41「**作り始めの糸の始末**」参照）。

シェイプドステッチ

●1段目が奇数個の場合

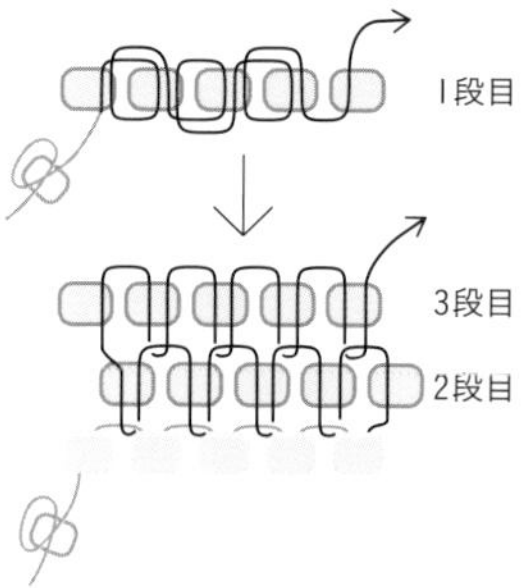

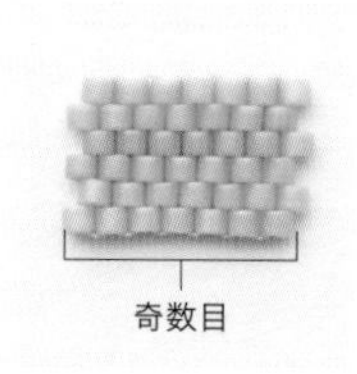

●増目（途中で目を増やす）

［1目増やす］

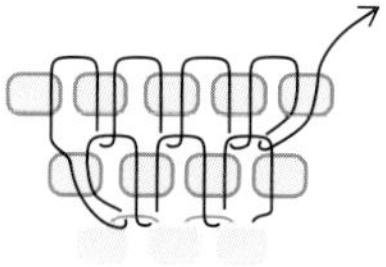

［2目増やす］

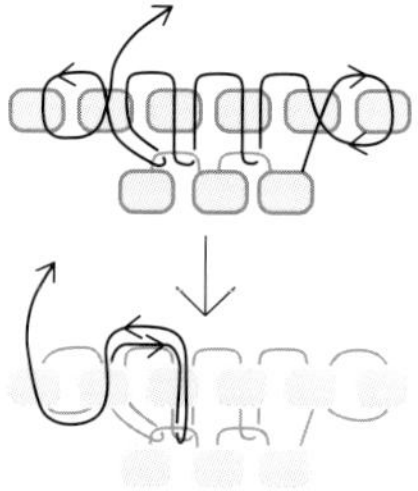

前の段の渡り糸を拾って戻り、端のビーズから糸が出るように向きを変える。

●1段目が偶数個の場合

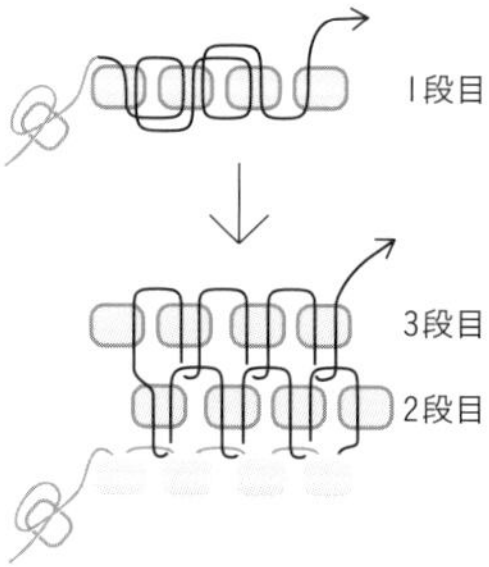

●減目（途中で目を減らす）

［1目減らす］

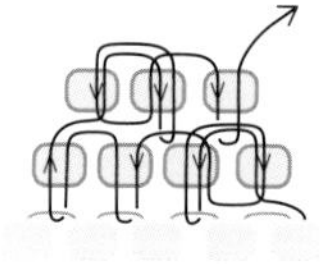

［2目減らす］

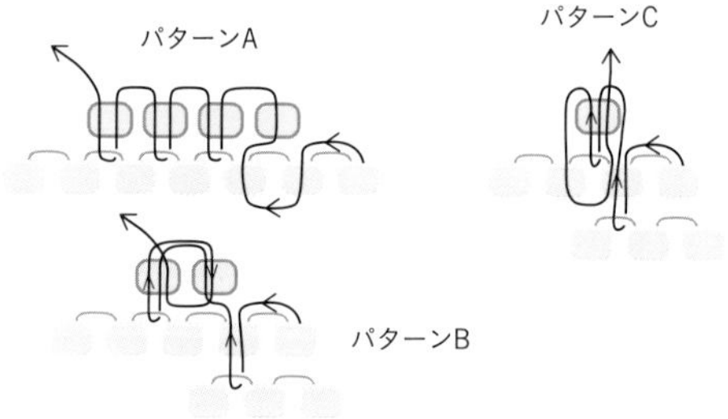

残りの目の数などにより、3通りの方法があります。状況によって使い分けます。

応用パターン

●増目

[奇数目(3目以上)増やす]

3目

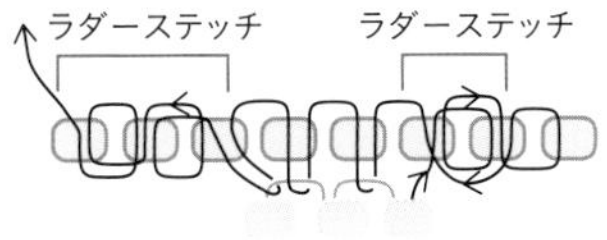

5目以上

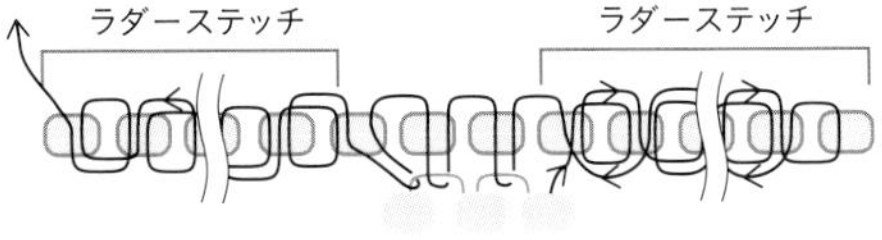

[偶数目(4目以上)増やす]

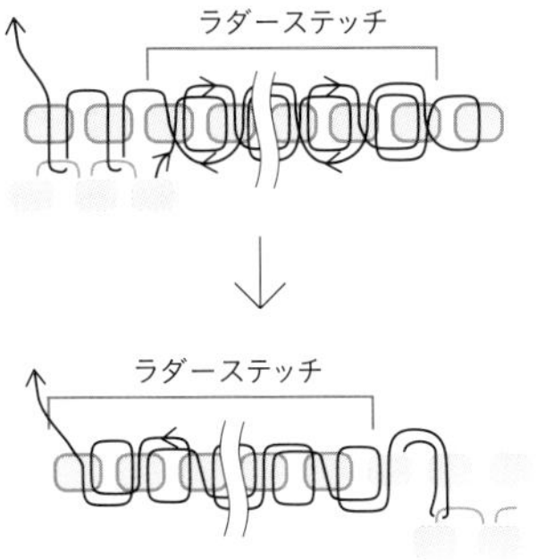

●減目

[奇数目(3目以上)減らす]

3目

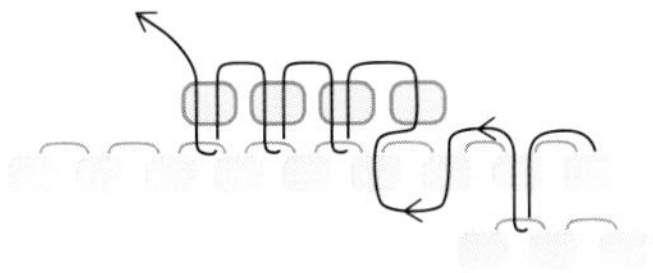

5目以上

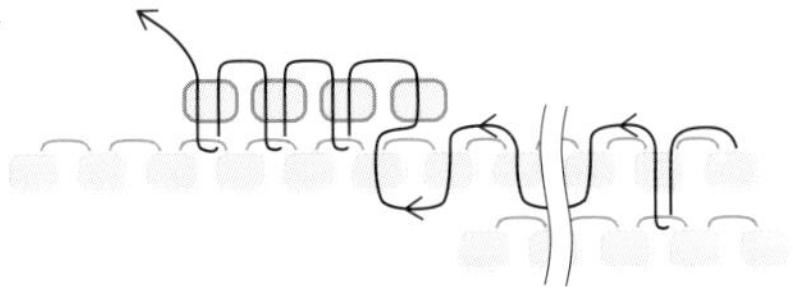

[偶数目(4目以上)減らす]

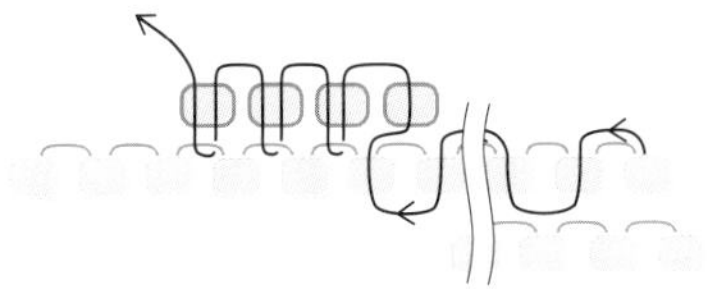

4 p.8

necklace

size: モチーフ1.5cm×1.3cm

材料

4.
デリカビーズ
- A白（DB211） 100個
- B黄緑（DB262） 140個

丸カン 0.6×3mm（ゴールド） 2個
Cカン 0.6×3×4mm（ゴールド） 2個
チェーン（ゴールド） 18cm×2本
引き輪（ゴールド） 1個
アジャスター（ゴールド） 1個
ビーズステッチ糸（白） 100cm×3本

4 - sample

a
デリカビーズ
- A白（DB1491） 40個
- Bオレンジ（DB68） 40個

b
デリカビーズ
- Aピンク（DB205） 35個
- Bパープル（DB1376） 45個

c
デリカビーズ
- A白（DB211） 49個
- B青（DB1785） 31個

作り方

❶p.43〜45を参照してペヨーテステッチでスクエアのモチーフ（A）、（B）、（C）を1個ずつ作る。（B）は丸カンを通さない。（A）の作り始めの糸で（A）と（B）をつなぐ。同様に、（B）の作り始めの糸で（B）と（C）をつなぐ。

A　B　★……作り始め　＊……丸カンを通す

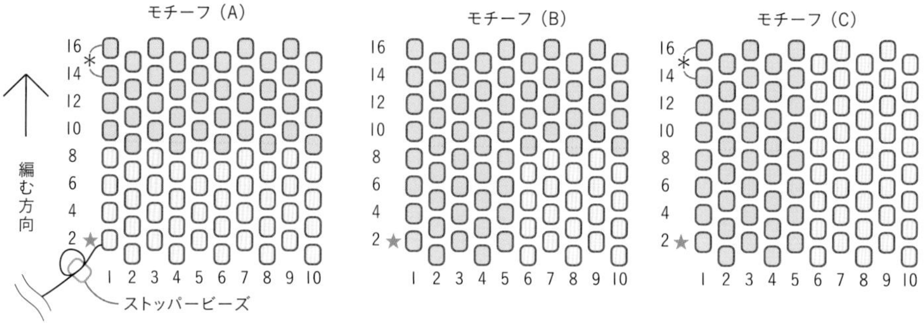

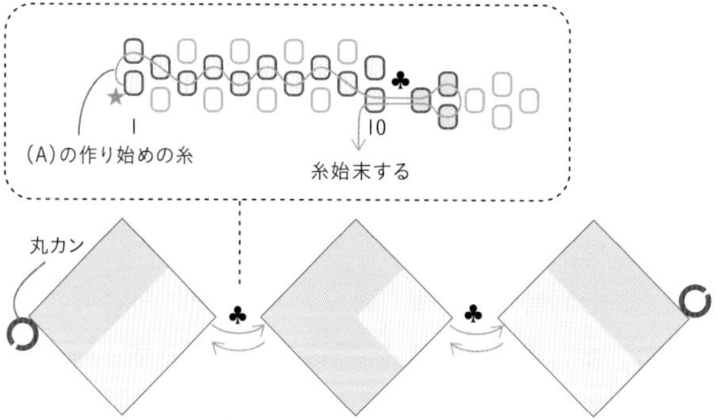

つなぎ目は二重になるように糸を運ぶ

❷モチーフに通した丸カンにチェーンをつなぐ。チェーンの反対側の先には、Cカンで引き輪、アジャスターをそれぞれつなぐ。

1 p.6

necklace

size: モチーフ1.5cm×1.3cm

材 料

1. デリカビーズ
   A 黄（DB1511） 80 個
   B ピンク（DB1495） 80 個
   C ミントグリーン（DB1516） 80 個
  丸カン 0.6 × 3 mm（ゴールド） 2個
  C カン 0.6 × 3 × 4 mm（ゴールド） 2個
  チェーン（ゴールド） 18cm × 2 本
  引き輪（ゴールド） 1個
  アジャスター（ゴールド） 1個
  ビーズステッチ糸（白） 100cm × 3 本

作り方

❶p.43〜45を参照してペヨーテステッチでスクエアのモチーフ（A）、（B）、（C）を1個ずつ作る。（B）は丸カンを通さない。（A）の作り始めの糸で（A）と（B）をつなぐ。同様に、（B）の作り始めの糸で（B）と（C）をつなぐ。
❷モチーフに通した丸カンにチェーンをつなぐ。チェーンの反対側の先には、Cカンで引き輪、アジャスターをそれぞれつなぐ。

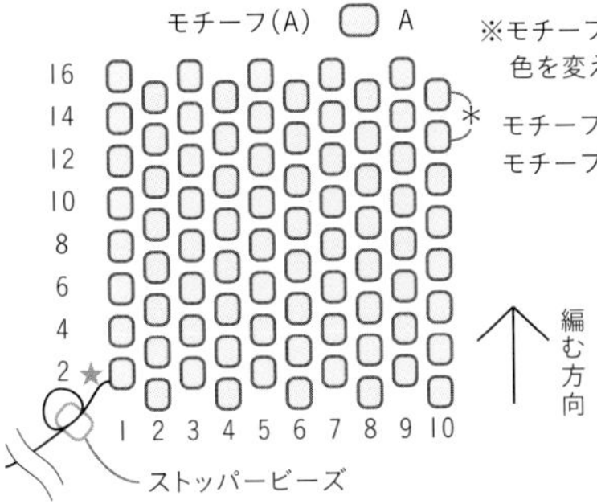

※モチーフ(B)(C)はビーズの色を変え同様に作る
モチーフ(B)： B
モチーフ(C)： C

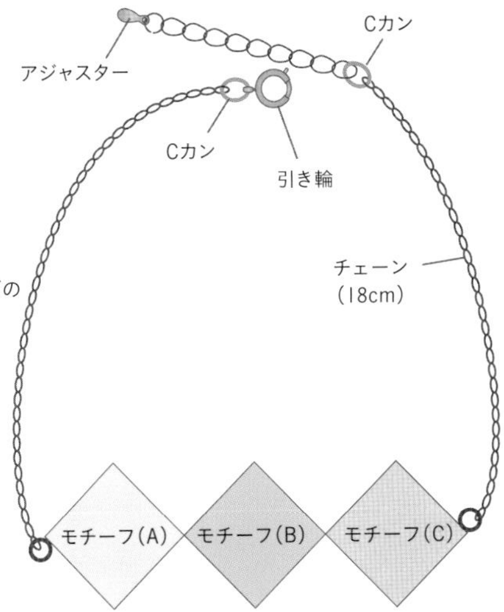

4 - sample

★……作り始め
＊……丸カンを通す

a

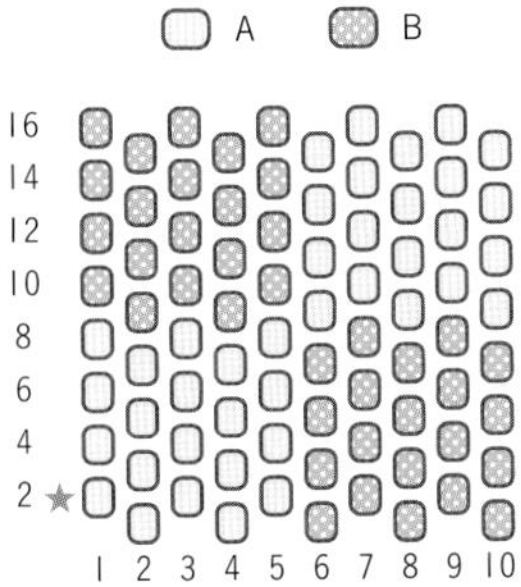

b

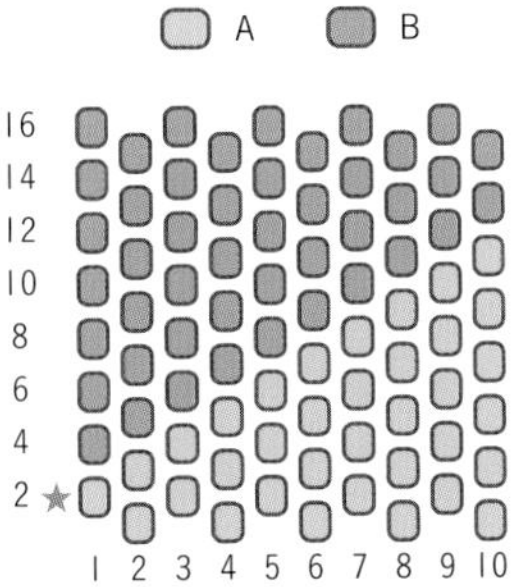

c

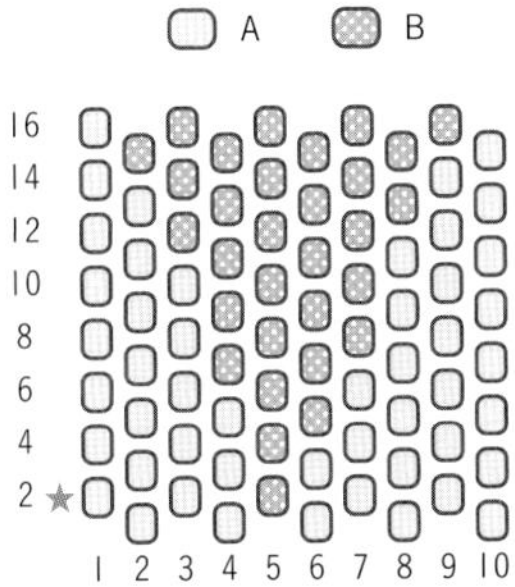

2,3,5 p.7,9

ring, earring, necklace

size: モチーフ1.1cm×1.3cm

材料

2. デリカビーズ
   Aクリーム（DB1510） 30個
   Bピンク（DB1493） 33個
   丸カン0.6×3mm（ゴールド） 1個
   リング金具（ゴールド） 1個
   ビーズステッチ糸（アイボリー） 100cm

3. デリカビーズ
   クリーム（DB732） 126個
   丸カン0.6×3mm（ゴールド） 4個
   チェーン（ゴールド） 3cm×2本
   イヤリング金具（ゴールド） 1組
   ビーズステッチ糸（アイボリー）
   100cm×2本

5. デリカビーズ
   Aチョコレート（DB1134） 18個
   B金茶（DB115） 17個
   Cゴールド（DB42） 28個
   丸カン0.6×3mm（ゴールド） 1個
   Cカン0.6×3×4mm（ゴールド） 2個
   チェーン（ゴールド） 36cm
   引き輪（ゴールド） 1個
   アジャスター（ゴールド） 1個
   ビーズステッチ糸（うす茶） 100cm

作り方

❶p.48、49を参照してシェイプドステッチでスクエアのモチーフを作る。イヤリングは合計2個、リング、ネックレスは1個作る。
❷イヤリングはモチーフに通した丸カンにチェーンをつなぎ、反対側の先に丸カンでイヤリング金具をつなぐ。リングは丸カンにリング金具をつなぐ。ネックレスは丸カンにチェーンを通し、両端にCカンで引き輪、アジャスターをそれぞれつなぐ。

★……作り始め
＊……丸カンを通す

3.

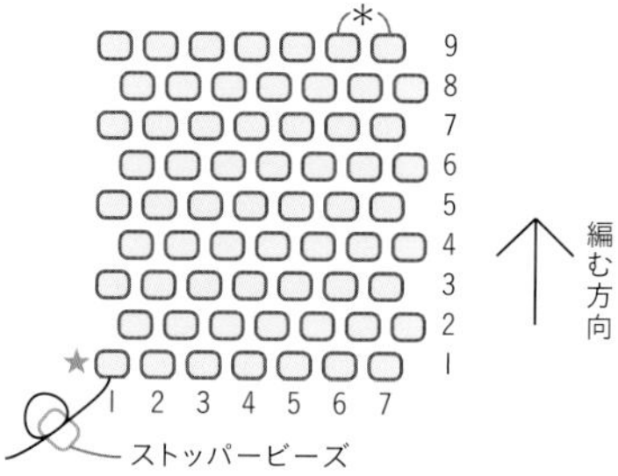

2.

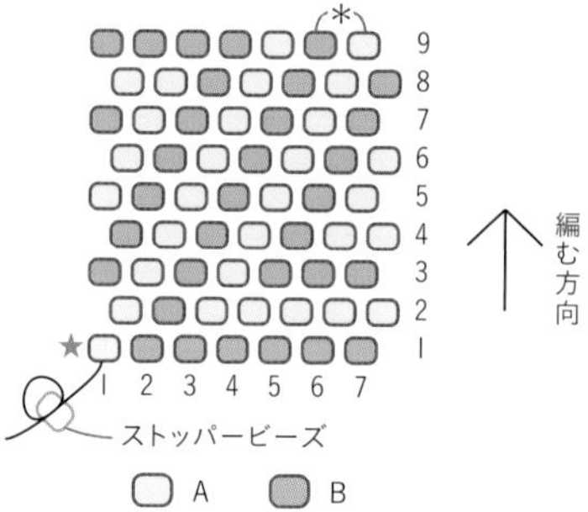

5.

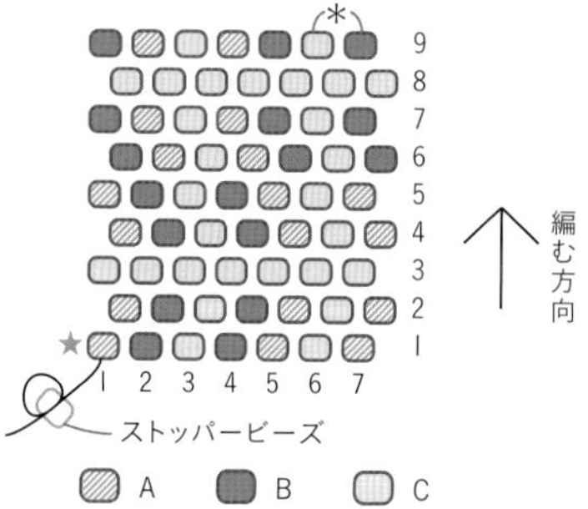

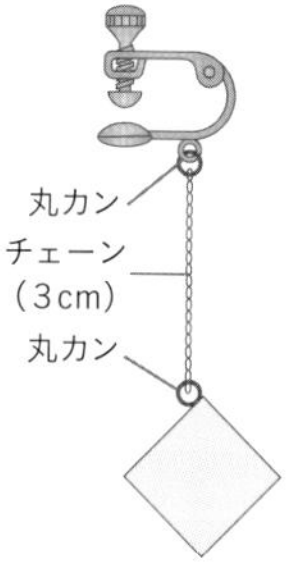

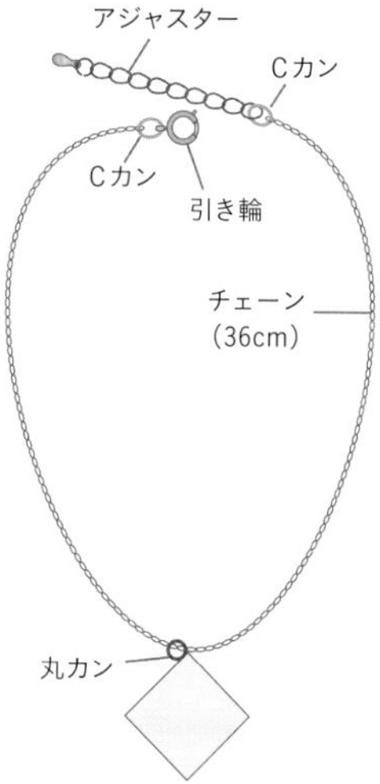

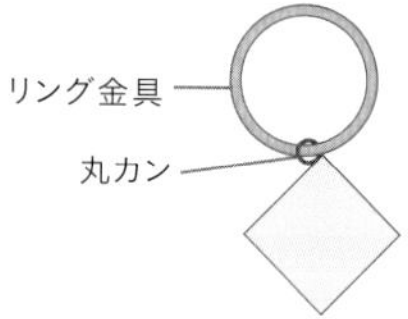

5 - sample

a

デリカビーズ

A うす金（DB621） 35 個

B 茶（DB794） 28 個

b

デリカビーズ

A メタリックグリーン（DB324） 49 個

B うす金（DB621） 14 個

c

デリカビーズ

A 水色（DB375） 36 個

B うす金（DB621） 27 個

a

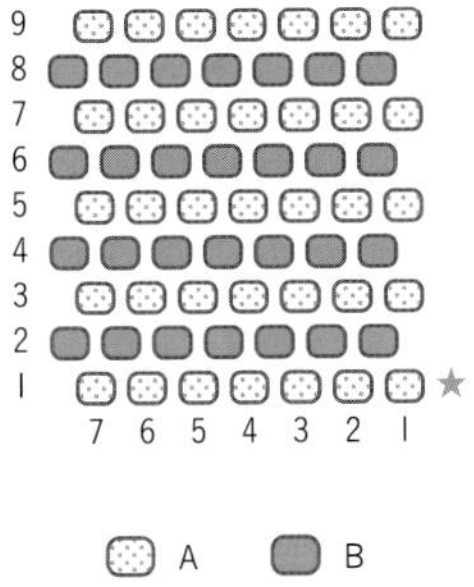

b

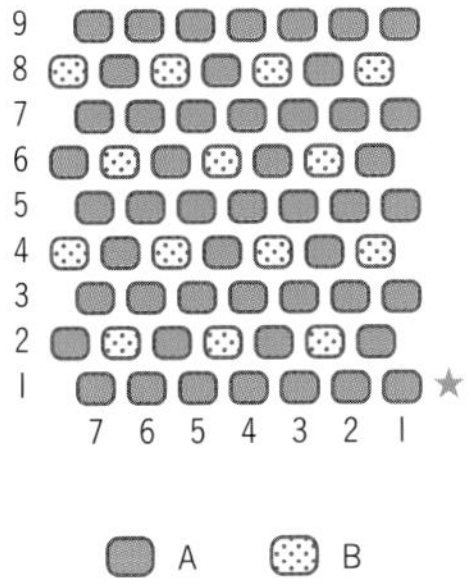

c

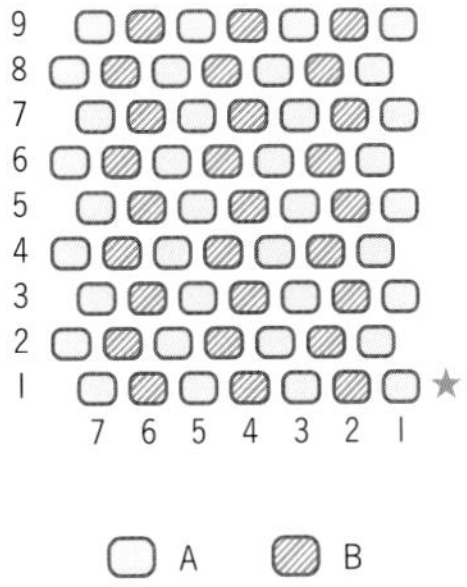

★……作り始め

6 p.10

earring

size: モチーフ1辺2.5cm

材 料

6. デリカビーズ
   A黒（DB310） 152個
   Bゴールド（DB1833） 120個
   イヤークリップ金具（ゴールド） 1組
   ビーズステッチ糸（黒） 150cm×2本
   フェルト（黒）3cm角 2枚
   接着剤 適宜

作り方

❶糸150cmの糸端20cmを残してストッパービーズを通す。シェイプドステッチで15段編み、トライアングルのモチーフを合計2個作る。
❷モチーフの裏に、一回り小さく切ったフェルトを接着剤で貼り、その上にイヤークリップを貼る。

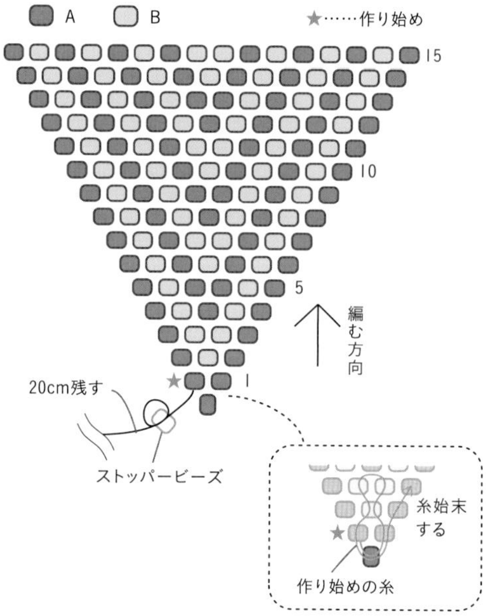

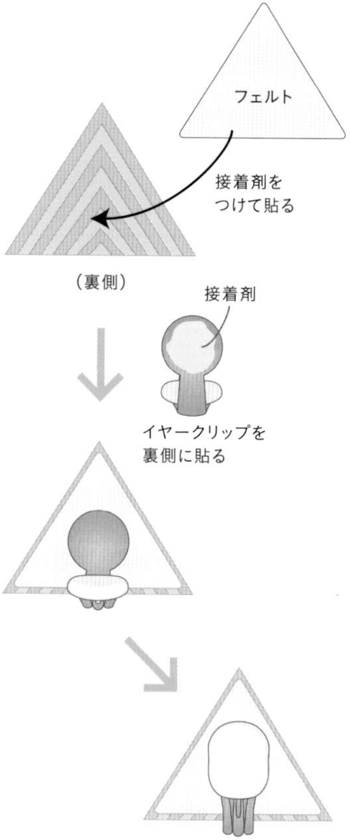

6 - sample

a
デリカビーズ
A 水色（DB374） 76 個
B ピンク（DB1495） 60 個

b
デリカビーズ
A 茶色（DB1134） 64 個
B メタリックグリーン（DB372） 72 個

c
デリカビーズ
A オレンジ（DB389） 100 個
B ピンク（DB1495） 36 個

d
デリカビーズ
A ネイビー（DB377） 36 個
B ピンク（DB1495） 100 個

e
デリカビーズ
A パープル（DB799） 69 個
B メタリックグリーン（DB372） 67 個

a
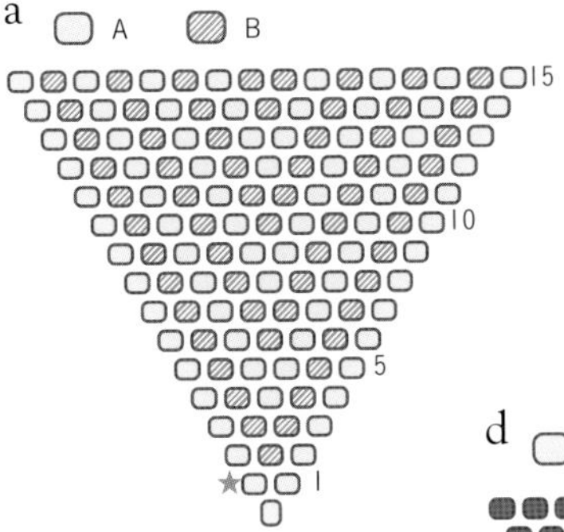

b
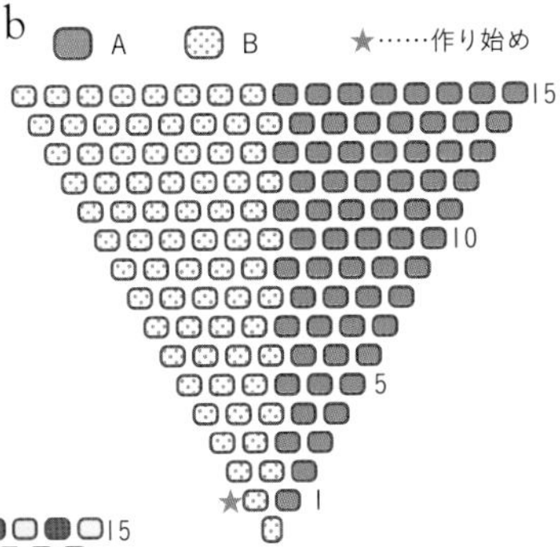

c
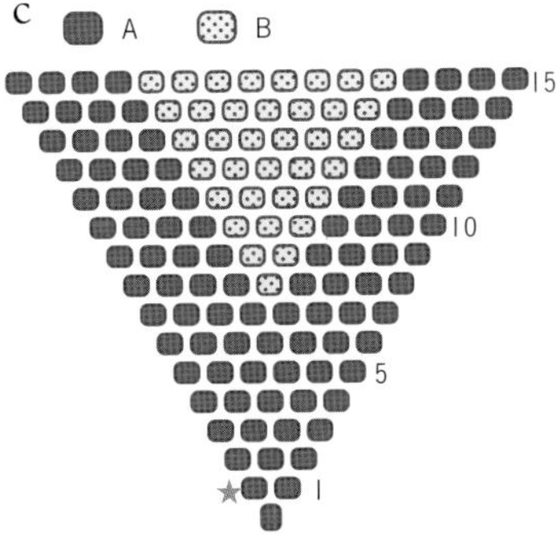

d
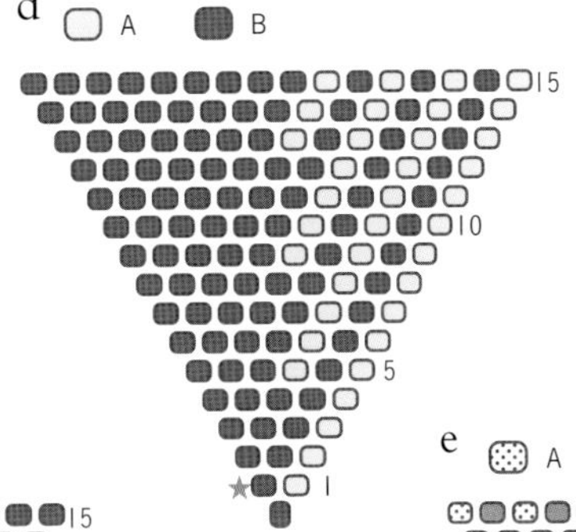

e
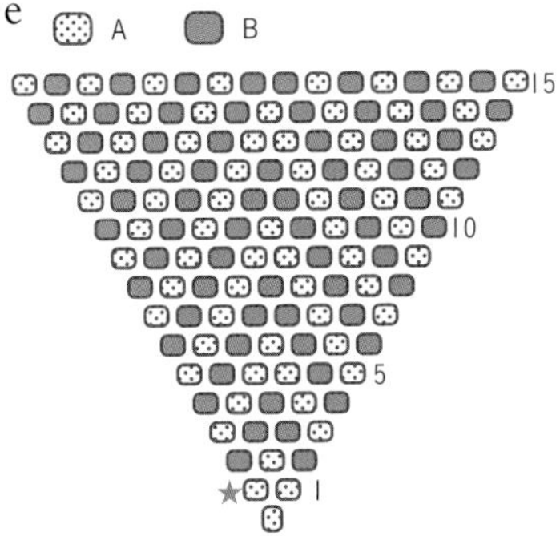

7 p.12

pierce

size: モチーフ1辺2.2cm

材 料

7. デリカビーズ
  - A白（DB351） 112個
  - Bピンク（DB1308） 18個
  - C緑（DB274） 12個
  - D水色（DB375） 12個
  - E黄（DB1776） 18個
  - F紫（DB73） 12個

Cカン大0.6×3×4mm（ゴールド） 2個
Cカン小0.5×2×3mm（ゴールド） 2個
ピアス金具（ゴールド） 1組
ビーズステッチ糸（白） 150cm×2本

作 り 方

❶糸150cmの糸端20cmを残してストッパービーズを通す。シェイプドステッチで12段編み、トライアングルのモチーフを左右の柄を変えて合計2個作る。
❷Cカン小で、Cカン大とピアス金具をつなぐ。

（左）

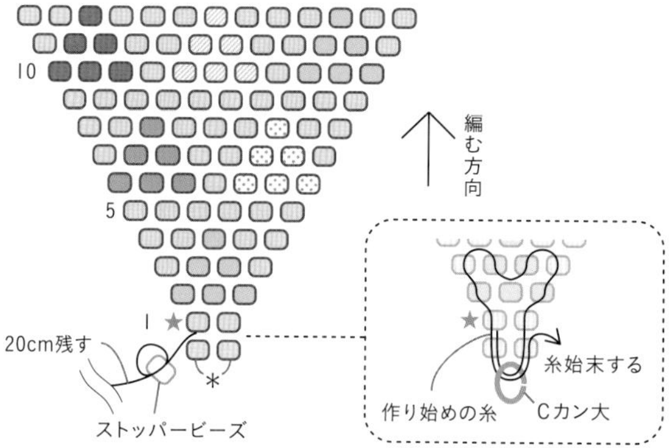

（右）

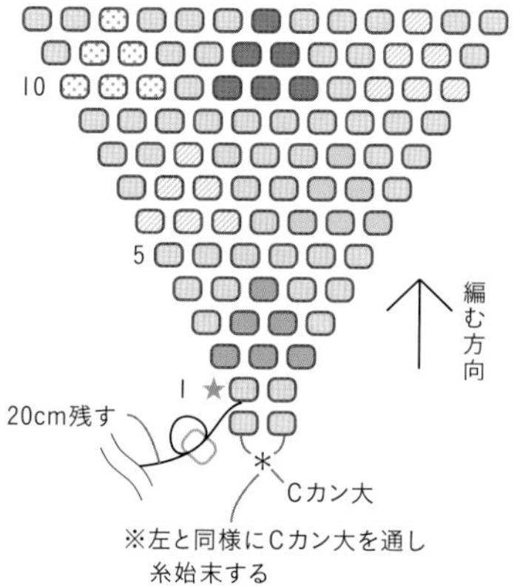

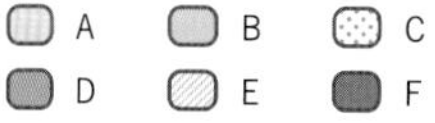

★……作り始め
＊……Cカンを通す

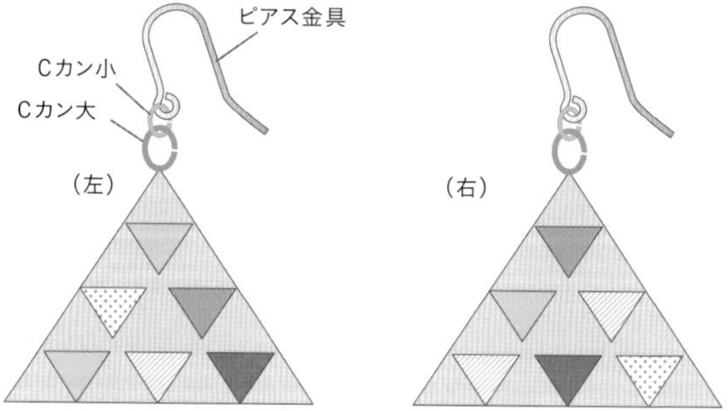

7 - sample

a

デリカビーズ

A 水色（DB375） 25 個

B 白（DB351） 38 個

C ライムグリーン（DB876） 29 個

b

デリカビーズ

A パープル（DB629） 82 個

B 白（DB351） 10 個

c

デリカビーズ

A パープル（DB73） 71 個

B 白（DB351） 21 個

d

デリカビーズ

A ピンク（DB624） 74 個

B 白（DB351） 18 個

a

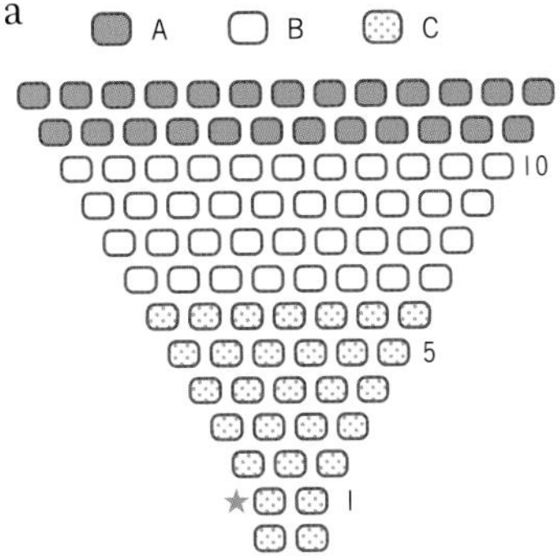

b

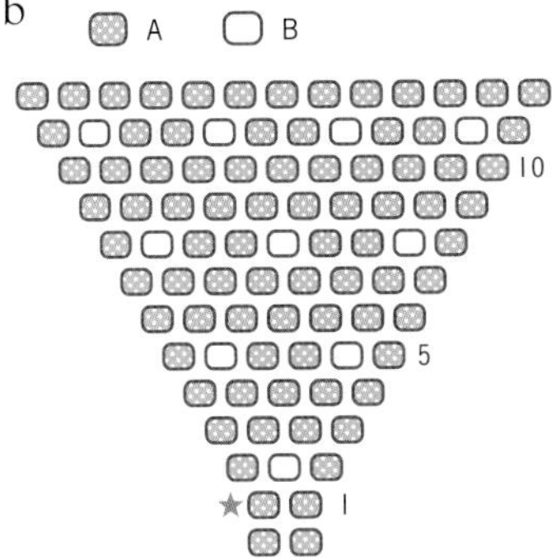

c

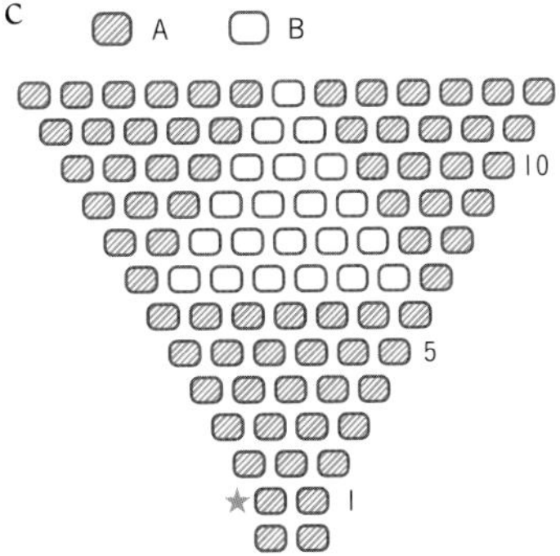

d

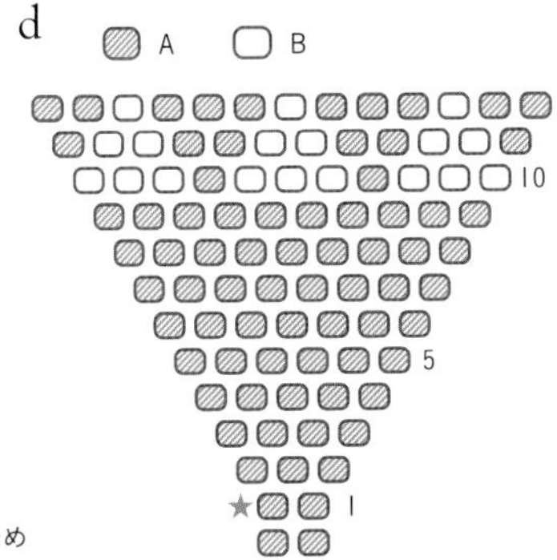

★……作り始め

8 p.13

pierce

size: モチーフ1辺2.4cm

材料

8\. デリカビーズ
　A白（DB351）46個
　B水色（DB1783）124個
　C青（DB726）42個
Cカン大0.6×3×4mm（ゴールド） 2個
Cカン小0.5×2×3mm（ゴールド） 2個
ピアス金具（ゴールド） 1組
ビーズステッチ糸（ブルー） 150cm×2本

作り方

❶糸150cmの糸端20cmを残してストッパービーズを通す。シェイプドステッチで13段編み、富士山のモチーフを合計2個作る。
❷Cカン小で、Cカン大とピアス金具をつなぐ。

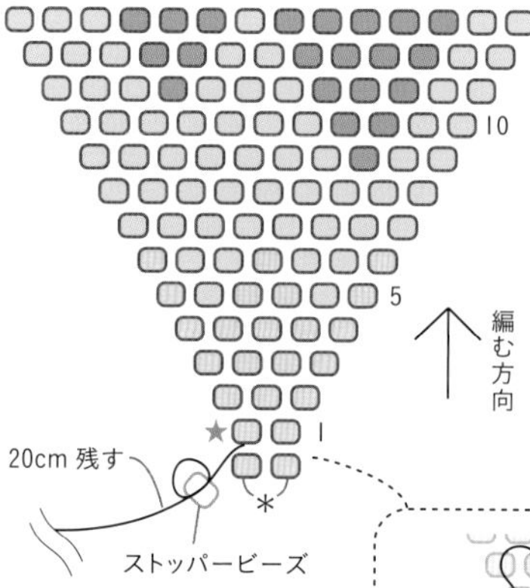

A　B　C
★……作り始め
＊……Cカンを通す

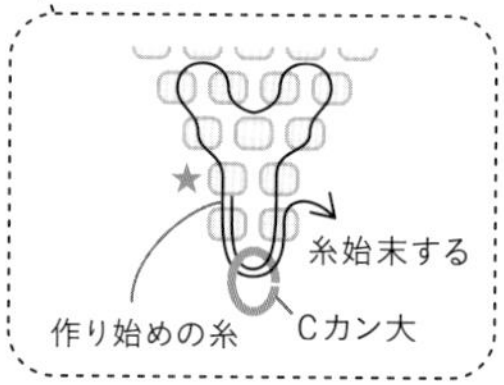

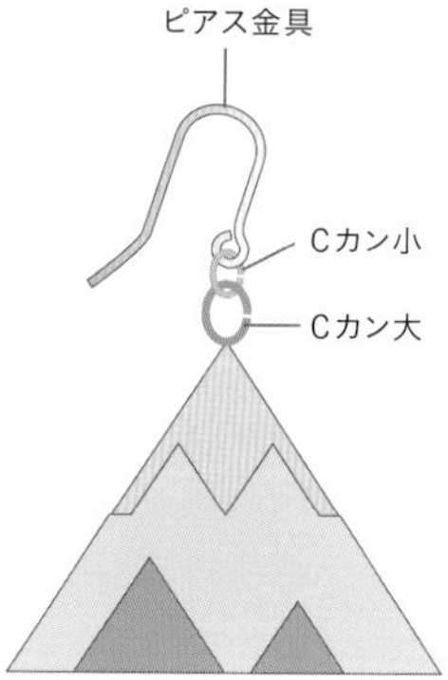

9 p.13

pierce

size: モチーフ1辺2.2cm

材料

9. デリカビーズ
 A赤（DB757） 82個
 B白（DB351） 34個
 C青（DB759） 6個
 Dベージュ（DB883） 62個
 Cカン大0.6×3×4mm（ゴールド） 2個
 Cカン小0.5×2×3mm（ゴールド） 2個
 ピアス金具（ゴールド） 1組
 ビーズステッチ糸（白） 150cm×2本

作り方

❶糸150cmの糸端20cmを残してストッパービーズを通す。シェイプドステッチで12段編み、モチーフを合計2個作る。
❷Cカン小で、Cカン大とピアス金具をつなぐ。

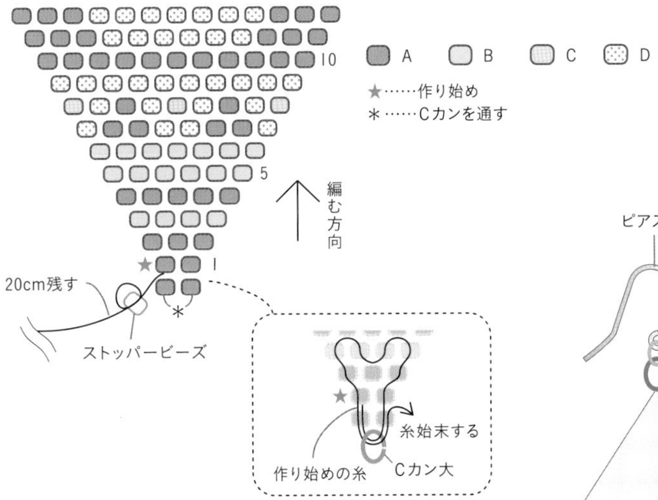

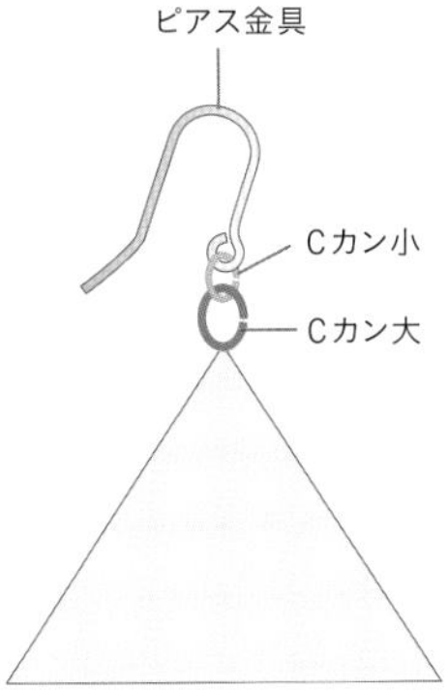

10 p.14

bracelet

size: モチーフ1辺1.3cm

材 料

10. デリカビーズ
    - A赤（DB757） 15個
    - B水色（DB759） 15個
    - C白（DB883） 15個
    - Dピンク（DB354） 15個
    - E黄（DB1592） 15個

  丸カン 0.6 × 3 mm（ゴールド） 8個
  Cカン 0.6 × 3 × 4 mm（ゴールド） 4個
  チェーン（ゴールド） 4.4cm × 2本
  カニカン（ゴールド） 1個
  板カン（ゴールド） 1個
  ビーズステッチ糸（白） 100cm × 5本

作 り 方

❶糸100cmの糸端20cmを残してストッパービーズを通す。シェイプドステッチで4段編み、トライアングルのモチーフを作る。デリカビーズA〜Eで1個ずつ、合計5個作る。

❷モチーフの角に通した丸カンに、Cカンでチェーンをつなぐ。チェーンの反対側にはCカンと丸カンで板カン、カニカンをつなぐ。

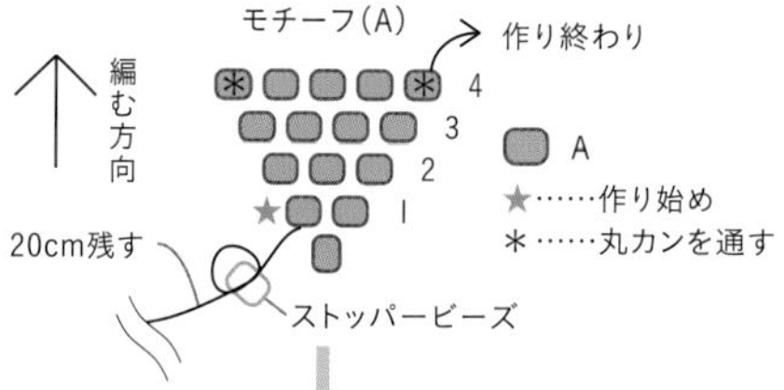

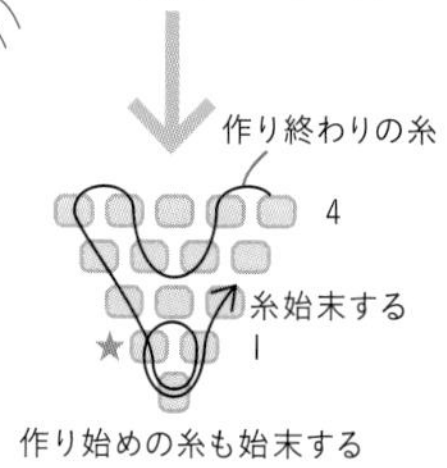

※モチーフ(B)、(C)、(D)、(E)は
ビーズの色を替え同様に作る

モチーフ(B)：B
モチーフ(C)：C
モチーフ(D)：D
モチーフ(E)：E

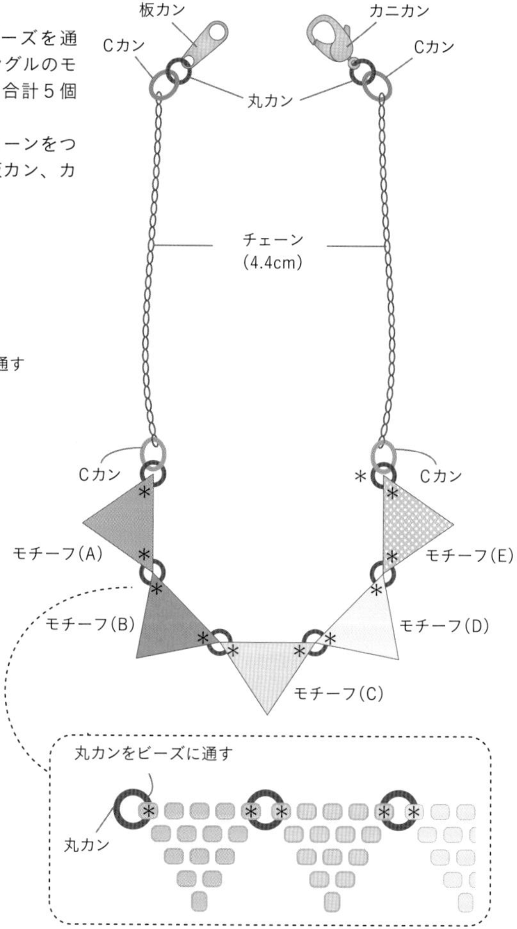

11,12 p.15,16

pierce, necklace

size: モチーフ1辺1.3cm

材 料

11. デリカビーズ
  A黒（DB310） 90個
  Bゴールド（DB1833） 60個
  丸カン0.6×3mm（ゴールド） 10個
  ピアス金具（ゴールド） 1組
  ビーズステッチ糸（黒） 100cm×10本

12. デリカビーズ
  A青（DB759） 45個
  B緑（DB754） 30個
  丸カン0.6×3mm（ゴールド） 8個
  Cカン0.6×3×4mm（ゴールド） 4個
  チェーン（ゴールド） 34.5cm
  カニカン（ゴールド） 1個
  板カン（ゴールド） 1個
  ビーズステッチ糸（ブルー） 100cm×5本

作 り 方

❶p.62を参照してトライアングルのモチーフを作る。ピアスはデリカビーズAで6個、Bで4個作る。ネックレスはデリカビーズAで3個、Bで2個作る。
❷丸カンでモチーフの向きが交互になるように角をつなぐ。ピアスは丸カンにピアス金具をつなぐ。ネックレスはCカンで丸カンとチェーンをつなぎ、チェーンの反対側にはCカンと丸カンで板カン、カニカンをつなぐ。

11.

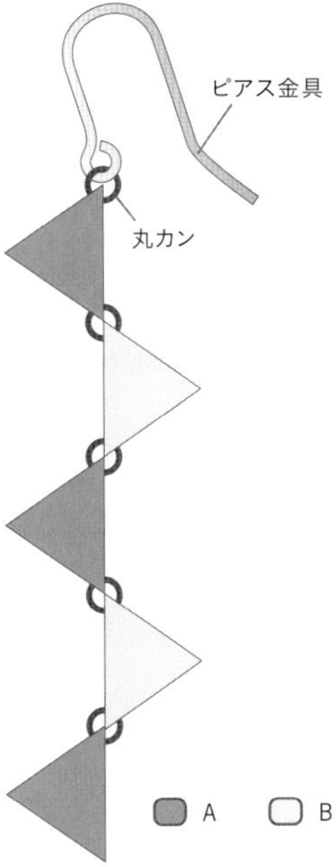

12.

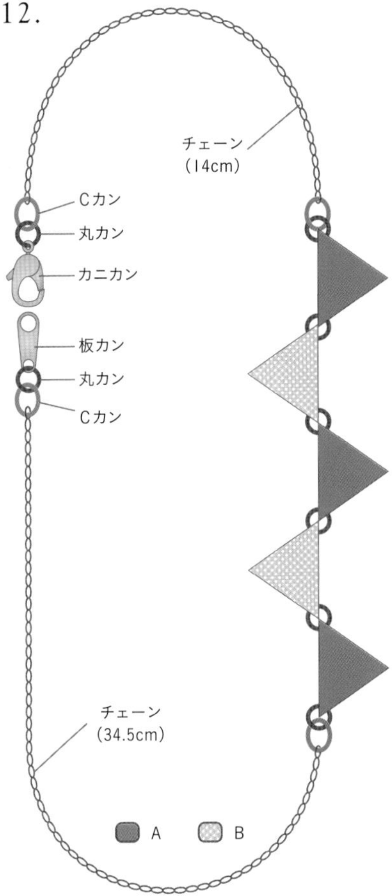

13,14,15,16,17 p.17

pierce

size: モチーフ1辺3.3cm

作り方

❶糸200cmの糸端20cmを残してストッパービーズを通す。三角ペヨーテ（p.47参照）で三角形のモチーフを作る。最後の段は角に3個通し、角を閉じる。合計2個作る。

❷モチーフに丸カンを通し、ピアス金具をつなぐ。

材料

13. デリカビーズ
　A イエロー（DB1776）130個
　B 青（DB1783）130個
　C パープル（DB281）130個
丸カン 0.6 × 3 mm（ゴールド）2個
ピアス金具（ゴールド）1組
ビーズステッチ糸（白）200cm × 2本

14. デリカビーズ
　A 白（DB211）78個
　B オレンジ（DB1780）90個
　C 青（DB1783）222個
丸カン 0.6 × 3 mm（ゴールド）2個
ピアス金具（ゴールド）1組
ビーズステッチ糸（白）200cm × 2本

15. デリカビーズ
　A 白（DB211）96個
　B 薄茶（DB1778）174個
　C 青（DB1785）120個
丸カン 0.6 × 3 mm（ゴールド）2個
ピアス金具（ゴールド）1組
ビーズステッチ糸（白）200cm × 2本

16. デリカビーズ
　A 白（DB211）180個
　B パープル（DB281）210個
丸カン 0.6 × 3 mm（ゴールド）2個
ピアス金具（ゴールド）1組
ビーズステッチ糸（白）200cm × 2本

17. デリカビーズ
　A 白（DB211）120個
　B 黄緑（DB1786）96個
　C グリーン（DB1788）174個
丸カン 0.6 × 3 mm（ゴールド）2個
ピアス金具（ゴールド）1組
ビーズステッチ糸（白）200cm × 2本

＊材料は両耳分

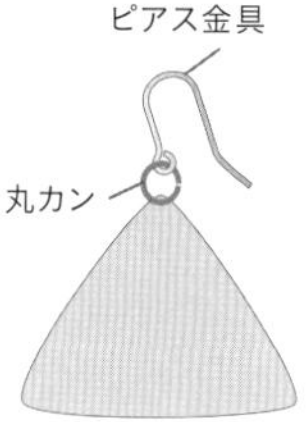

13.

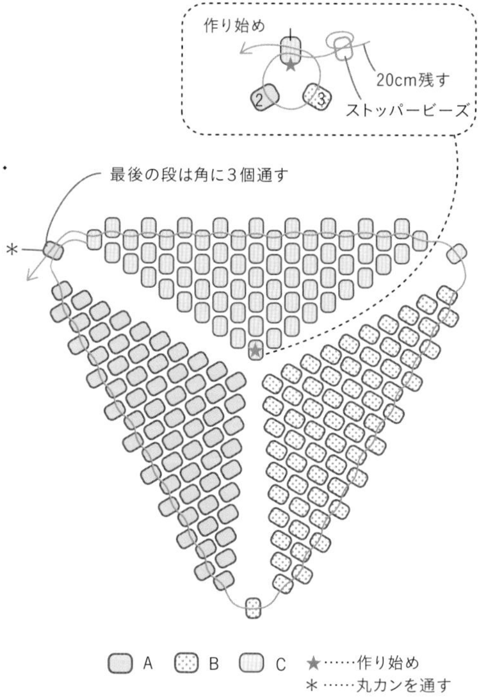

14.

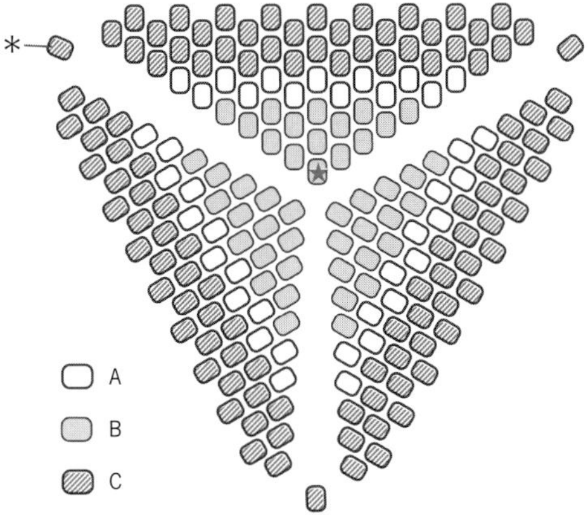

15.

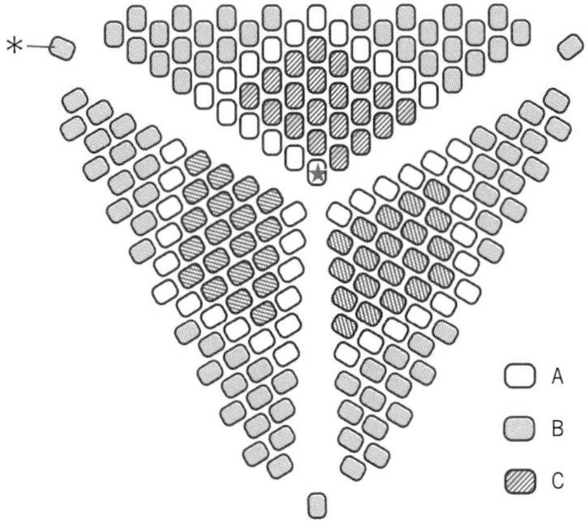

16.

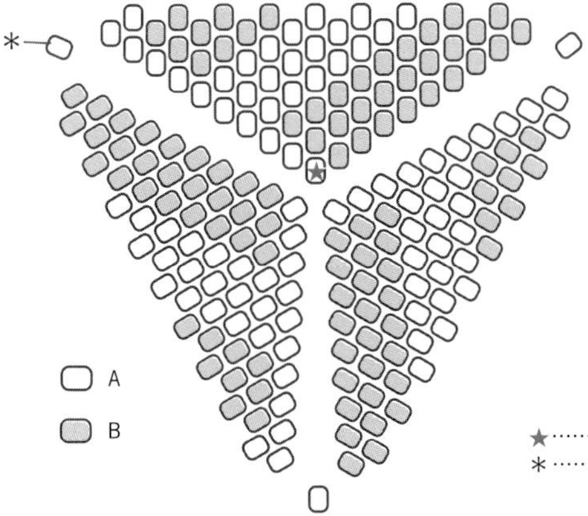

17.

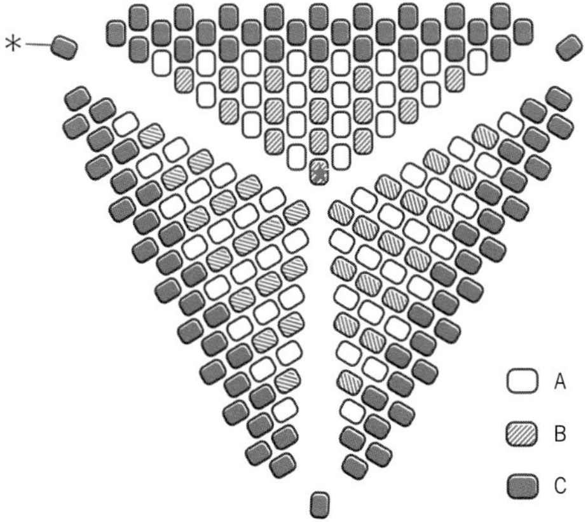

★……作り始め
＊……丸カンを通す

18,19,20 p.18

brooch

size: モチーフ3.4cm×3.9cm

材 料

18. デリカビーズ
- A赤（DB796） 127個
- B白（DB211） 169個
- C水色（DB1783） 76個
- Dグリーン（DB1788） 26個
- Eイエロー（DB1592） 9個

ブローチ金具（ゴールド） 1個
ビーズステッチ糸（白） 適宜
接着剤 適宜

19. デリカビーズ
- Aピンク（DB206） 198個
- B白（DB211） 29個
- Cゴールド（DB33） 24個
- Dイエロー（DB1592） 70個
- E水色（DB1783） 24個
- F赤（DB796） 36個
- Gダークトパーズ（DB1778） 7個
- Hブロンズ（DB340） 12個
- Iグリーン（DB1788） 7個

ブローチ金具（ゴールド） 1個
ビーズステッチ糸（白） 適宜
接着剤 適宜

20. デリカビーズ
- A黒（DB10） 134個
- B白（DB211） 122個
- C赤（DB796） 42個
- D水色（DB1783） 17個
- Eグリーン（DB1788） 89個

ブローチ金具（ゴールド） 1個
ビーズステッチ糸（白） 適宜
接着剤 適宜

作り方

❶糸160cmの糸端20cmを残してストッパービーズを通す。シェイプドステッチでモチーフを作る。モチーフを逆さまにして、下から上に向かって編み、糸が足りなくなったらp.42「糸が足りなくなったら」を参照して160cmずつ足しながら作る。

❷モチーフを逆さにし、裏に接着剤でブローチ金具を貼る。

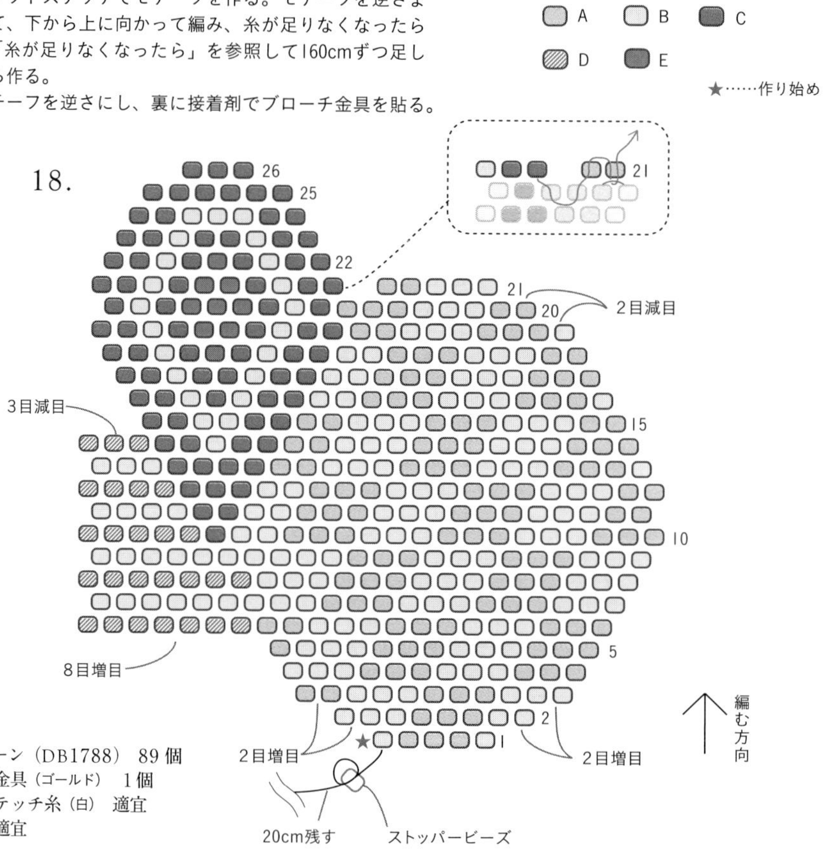

19.

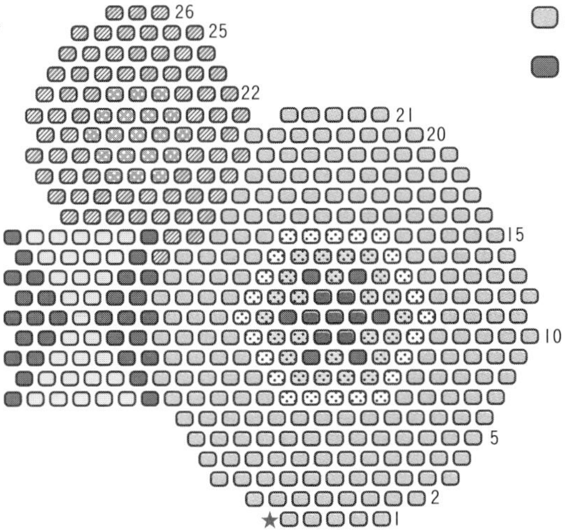

A　B　C　D　E

F　G　H　I

★……作り始め

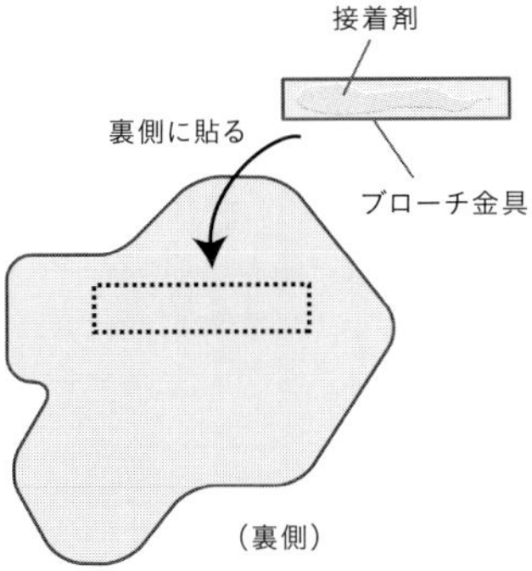

20.

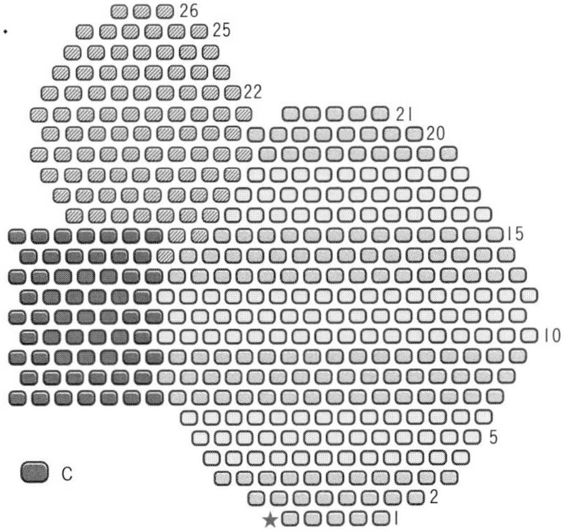

A　B　C

D　E

21,22,23 p.19

pierce

size: モチーフ2.1cm×1.6cm

材 料

21. デリカビーズ
　A ピンク（DB206） 84 個
　B パープル（DB281） 110 個
　丸カン 0.5 × 3 mm（ゴールド） 2 個
　C カン 0.5 × 2 × 3 mm（ゴールド） 4 個
　ピアス金具（ゴールド） 1 組
　ビーズステッチ糸（白） 160cm × 2 本

22. デリカビーズ
　A 白（DB203） 84 個
　B ミントグリーン（DB1136） 110 個
　丸カン 0.5 × 3 mm（ゴールド） 2 個
　C カン 0.5 × 2 × 3 mm（ゴールド） 4 個
　ピアス金具（ゴールド） 1 組
　ビーズステッチ糸（白） 160cm × 2 本

23. デリカビーズ
　A 薄グリーン（DB1496） 84 個
　B 青（DB1138） 62 個
　C 白（DB200） 48 個
　丸カン 0.5 × 3 mm（ゴールド） 2 個
　C カン 0.5 × 2 × 3 mm（ゴールド） 4 個
　ピアス金具（ゴールド） 1 組
　ビーズステッチ糸（白） 160cm × 2 本

作 り 方

❶糸160cmの糸端20cmを残してストッパービーズを通す。シェイプドステッチで16段のモチーフを作る。合計２個作る。
❷丸カンにＣカン２個でピアス金具をつなぐ。

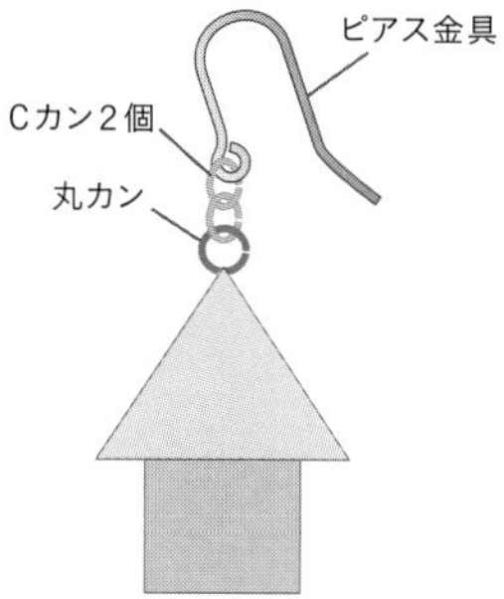

21. 22.

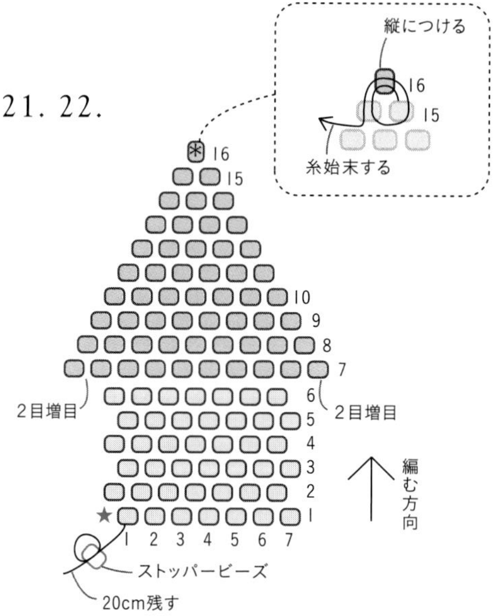

A　B　★……作り始め
＊……丸カンを通す

23.

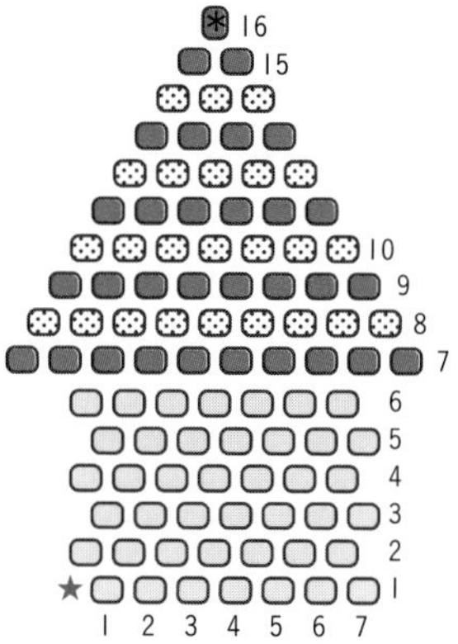

A　B　C

24,25 p.20

necklace, pierce

size: モチーフ0.8cm×1cm

材 料

24. デリカビーズ
  A ピンク（DB1371） 24 個
  B 本金メッキ（DB31） 2 個
 丸カン 0.6 × 3 mm（ゴールド） 3 個
 チェーン（ゴールド） 41cm
 引き輪（ゴールド） 1 個
 アジャスター（ゴールド） 1 個
 ビーズステッチ糸（ローズ） 100cm

25. デリカビーズ
  A ピンク（DB1371） 48 個
  B 本金メッキ（DB31） 4 個
 丸カン 0.6 × 3 mm（ゴールド） 4 個
 チェーン（ゴールド） 3 cm × 2 本
 ピアス金具（ゴールド） 1 組
 ビーズステッチ糸（ローズ） 100cm × 2 本

作 り 方

❶糸100cmの糸端20cmを残してストッパービーズを通す。シェイプドステッチで7段編み、リボンのモチーフを作る。ピアスは2個、ネックレスは1個作る。
❷モチーフの角に丸カンを通す。ピアスは丸カンにチェーンをつなぎ、反対側の先に丸カンでピアス金具をつなぐ。ネックレスは丸カンにチェーンを通し、両端に丸カンで引き輪とアジャスターをそれぞれつなぐ。

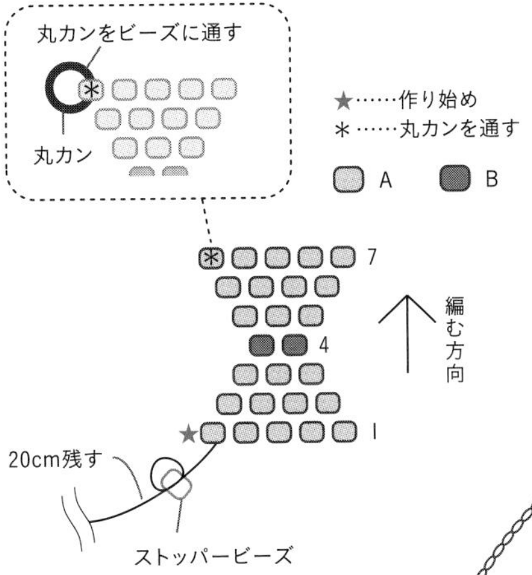

25.

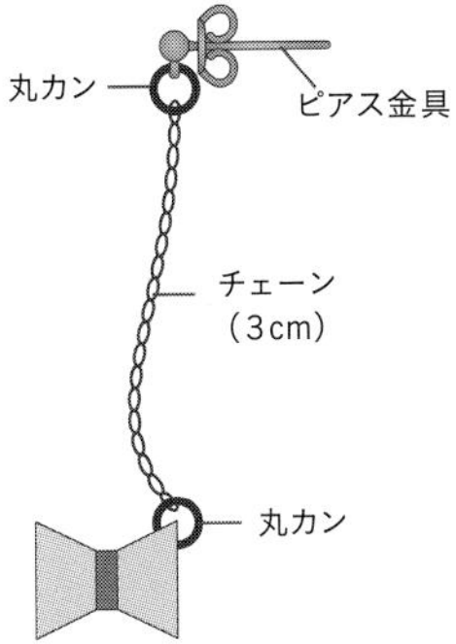

24.

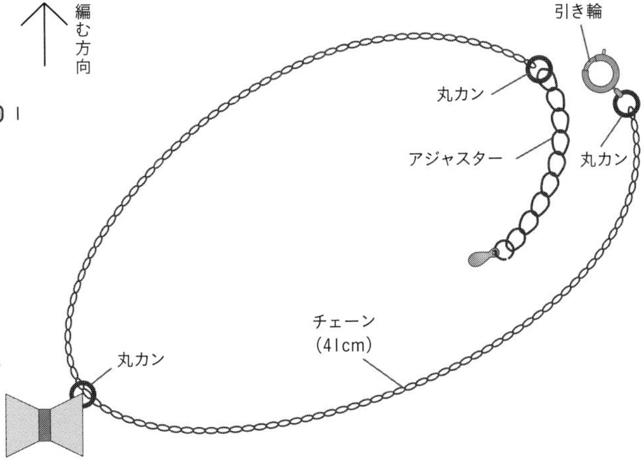

26 p.20

bracelet

size: モチーフ0.8cm×1cm

材 料

26. デリカビーズ
  Aピンク（DB1371） 24個
  B黄（DB1132） 48個
  C青（DB759） 48個
  D本金メッキ（DB31） 10個
 丸カン0.6×3mm（ゴールド） 7個
 カニカン（ゴールド） 1個
 アジャスター（ゴールド） 1個
 チェーン（ゴールド） 17cm
 ビーズステッチ糸（アイボリー）
  100cm×5本

作 り 方

❶p.69を参照してシェイプドステッチでリボンのモチーフを作る。デリカビーズAで1個、Bで2個、Cで2個作る。
❷モチーフの角に丸カンを通す。チェーンの両端に丸カンでカニカンとアジャスターをそれぞれつなぎ、ブレスレットを作る。バランスを見ながらリボンのモチーフの丸カンをチェーンにつなぐ。

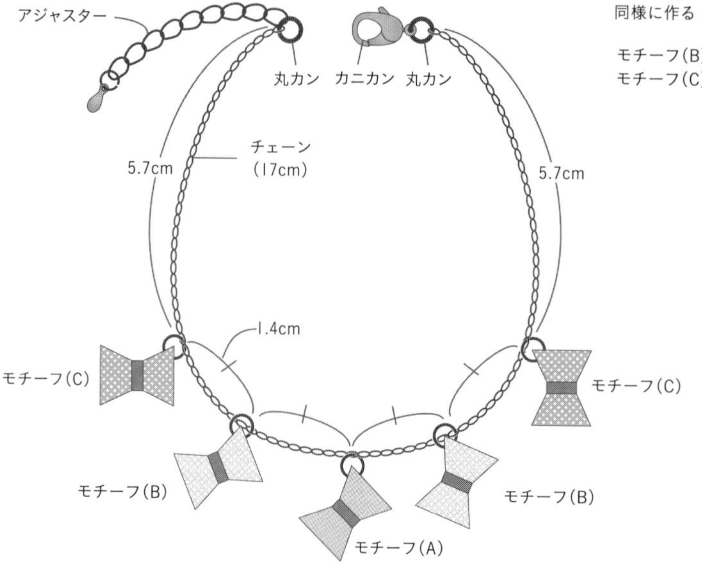

モチーフ(A)

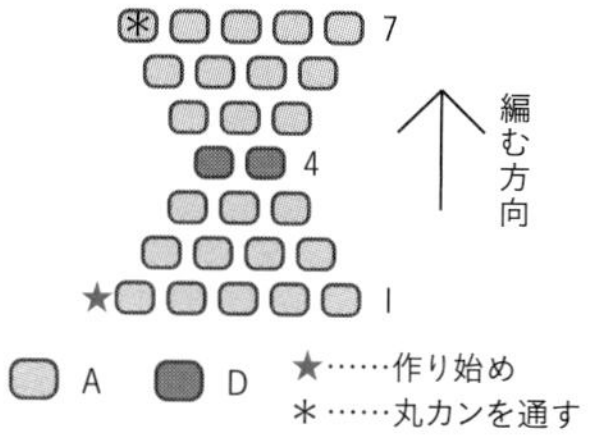

※モチーフ(B)、(C)はビーズの色を変え
同様に作る

モチーフ(B): B D
モチーフ(C): C D

27,28,29 p.21

pierce

size: モチーフ1.3cm×1cm

材料

27. デリカビーズ
  Aクリーム（DB203） 38個
  B茶色（DB334） 24個
  C黒（DB10） 2個
  Dグリーン（DB713） 4個
 皿つきピアス金具6mm（ゴールド） 1組
 ビーズステッチ糸（アイボリー）
  100cm×2本
 接着剤 適宜

28. デリカビーズ
  Aクリーム（DB203） 38個
  Bグレー（DB321） 24個
  C黒（DB10） 2個
  Dブルー（DB277） 4個
 皿つきピアス金具6mm（ゴールド） 1組
 ビーズステッチ糸（アイボリー）
  100cm×2本
 接着剤 適宜

29. デリカビーズ
  A黒（DB10） 62個
  Bピンク（DB1492） 2個
  C本金メッキ（DB31） 4個
 皿つきピアス金具6mm（ゴールド） 1組
 ビーズステッチ糸（黒） 100cm×2本
 接着剤 適宜

作り方

❶糸100cmの糸端20cmを残してストッパービーズを通す。
シェイプドステッチで仔猫のモチーフを合計2個作る。
❷モチーフの裏に、接着剤でピアス金具を貼る。

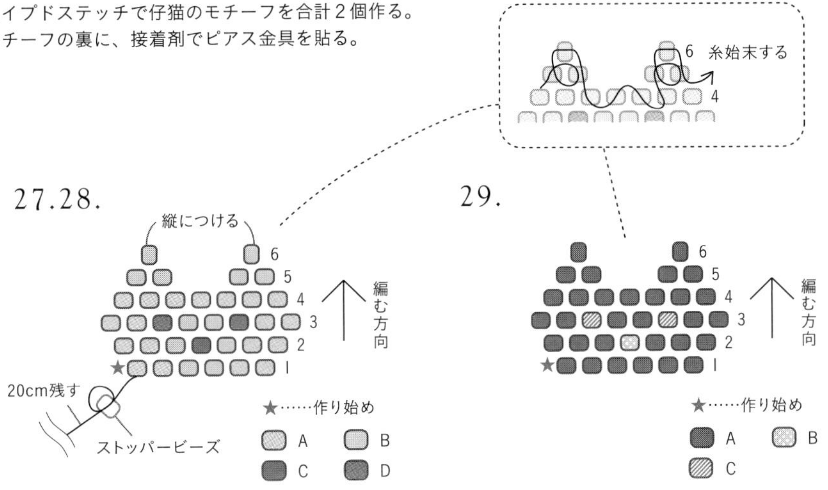

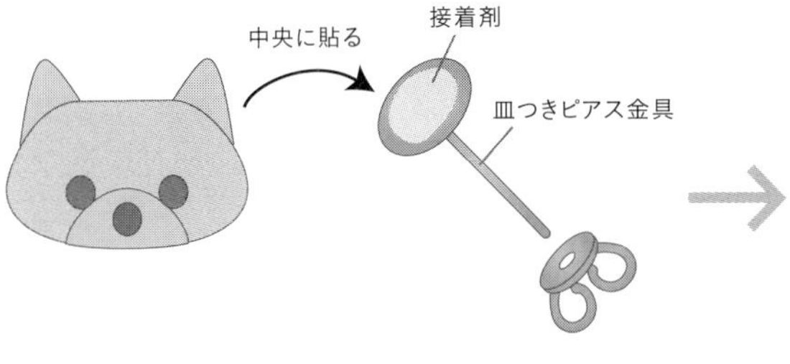

30,31 p.22

pierce

size: モチーフ1.2cm×1cm

材 料

30. デリカビーズ
　Aライラック（DB158） 180個
　B本金メッキ（DB31） 24個
　丸カン 0.6 × 3 mm（ゴールド） 8個
　チェーン（ゴールド） 5 cm × 2本、
　　3 cm × 2本、1 cm × 2本
　ピアス金具（ゴールド） 1組
　ビーズステッチ糸（白） 120cm × 6本

31. デリカビーズ
　A黄色（DB1562） 180個
　B本金メッキ（DB31） 24個
　丸カン 0.6 × 3 mm（ゴールド） 8個
　チェーン（ゴールド） 5 cm × 2本、
　　3 cm × 2本、1 cm × 2本
　ピアス金具（ゴールド） 1組
　ビーズステッチ糸（白） 120cm × 6本

作 り 方

❶糸120cmの糸端40cmを残してストッパービーズを通す。シェイプドステッチでちょうちょうのモチーフを作る。①（1～5段目）を編み、続けて②、③（6段目）を編み、糸は始末する。作り始めの糸で④、⑤（7段目）を編む。同じものを合計6個作る。
❷チェーンをモチーフの丸カンにそれぞれつなぐ。反対側の先は3本一緒に丸カンでピアス金具とつなぐ。両耳分作る。

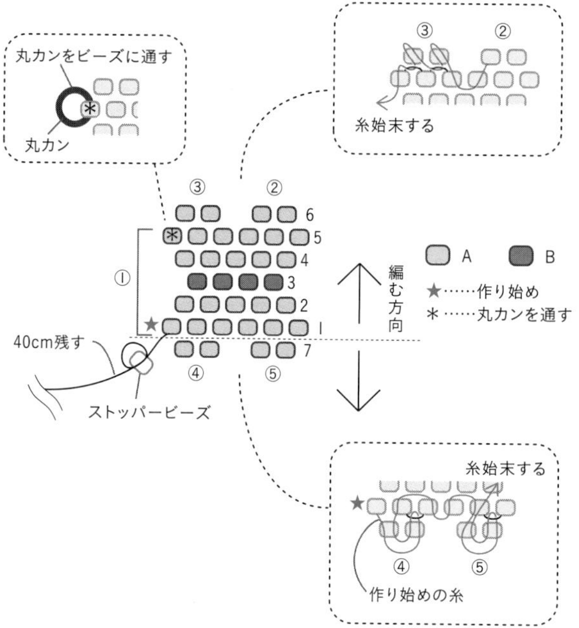

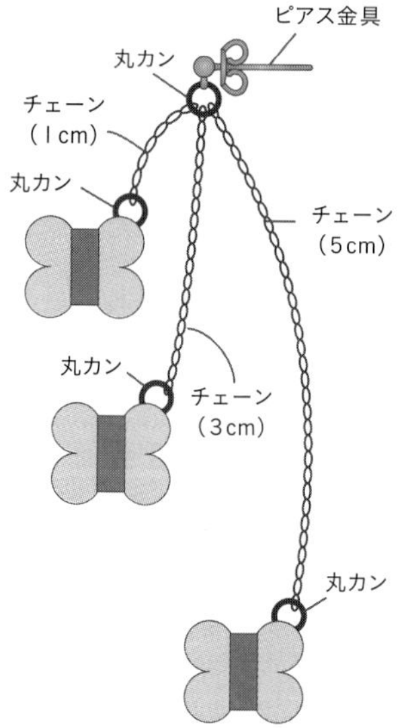

32,33,34 p.23

pierce

size: モチーフ1.9cm×1.2cm

材 料

32. デリカビーズ
　A パープル（DB799） 168 個
　B 黒（DB10） 26 個
　C クリーム（DB203） 12 個
　D 本金メッキ（DB31） 4 個
丸カン 0.6 × 3 mm（ゴールド） 2 個
フープピアス金具 30mm（ゴールド） 1 組
ビーズステッチ糸（白） 150cm × 2 本

33. デリカビーズ
　A ピンク（DB1376） 168 個
　B 黒（DB10） 26 個
　C クリーム（DB203） 12 個
　D 本金メッキ（DB31） 4 個
丸カン 0.6 × 3 mm（ゴールド） 2 個
フープピアス金具 30mm（ゴールド） 1 組
ビーズステッチ糸（白） 150cm × 2 本

34. デリカビーズ
　A 紫（DB281） 60 個
　B アイボリー（DB1491） 76 個
　C 黄（DB1562） 50 個
　D こげ茶（DB734） 18 個
　E 本金メッキ（DB31） 6 個
丸カン 0.6 × 3 mm（ゴールド） 2 個
フープピアス金具 30mm（ゴールド） 1 組
ビーズステッチ糸（白） 150cm × 2 本

作 り 方

❶糸150cmの糸端40cmを残してストッパービーズを通す。シェイプドステッチでモチーフを作る。①（1〜9段目）を編み、続けて②（10、11段目）を編み、糸は始末する。作り始めの糸で③（12、13段目）を編む。同じものを合計２個作る。

❷丸カンにフープピアス金具を通す。

34.

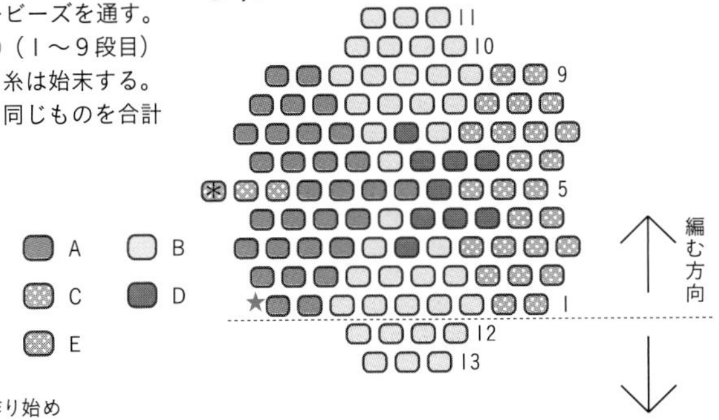

★……作り始め
＊……丸カンを通す

32.33.

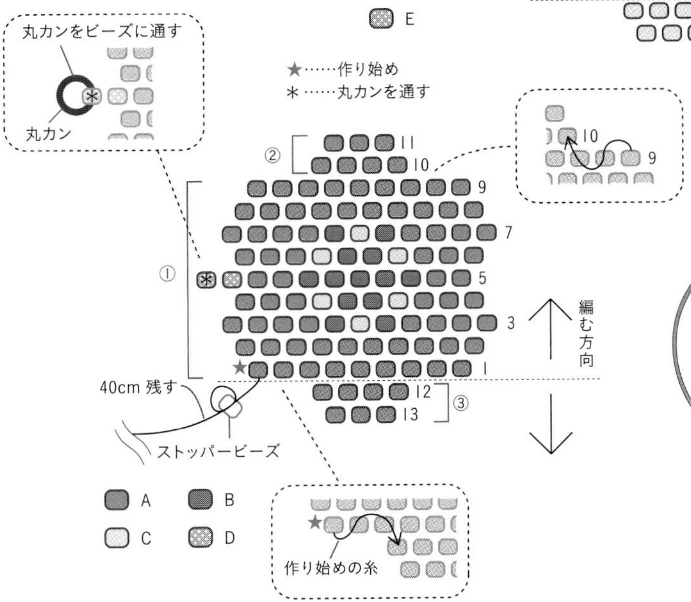

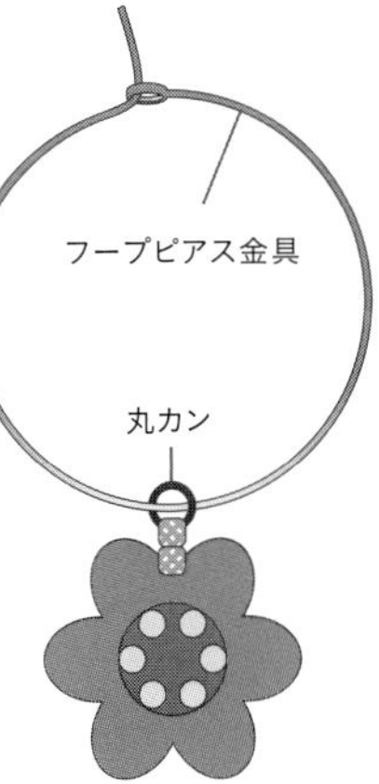

35,36 p.24

pierce, necklace

size: モチーフ2.3cm×1.5cm

材 料

35. デリカビーズ
　A グレー（DB209） 90 個
　B 赤（DB727） 72 個
丸カン 0.6 × 3 mm（ゴールド） 2 個
ピアス金具（ゴールド） 1 組
ビーズステッチ糸（グレー） 180cm × 2 本

36. デリカビーズ
　A 青（DB361） 56 個
　B 黄（DB1592） 25 個
丸カン 0.6 × 3 mm（ゴールド） 2 個
C カン 0.6 × 3 × 4 mm（ゴールド） 2 個
チェーン（ゴールド） 36cm
引き輪（ゴールド） 1 個
アジャスター（ゴールド） 1 個
ビーズステッチ糸（ブルー） 180cm

作 り 方

❶糸180cmの糸端90cmを残してストッパービーズを通す。シェイプドステッチでダイヤのモチーフを作る。①（1～9段目）を編み、糸は始末する。作り始めの糸で②（10～17段目）を編む。ピアスは合計2個、ネックレスは1個作る。

❷ピアスは、モチーフに通した丸カンにピアス金具をつなぐ。ネックレスはモチーフに通した丸カンにもう1個丸カンをつなぎ、チェーンを通す。チェーンの両端にCカンで引き輪、アジャスターをそれぞれつなぐ。

36.

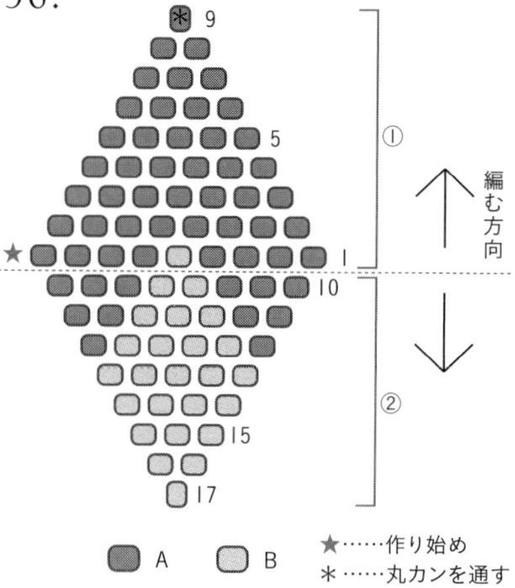

35.

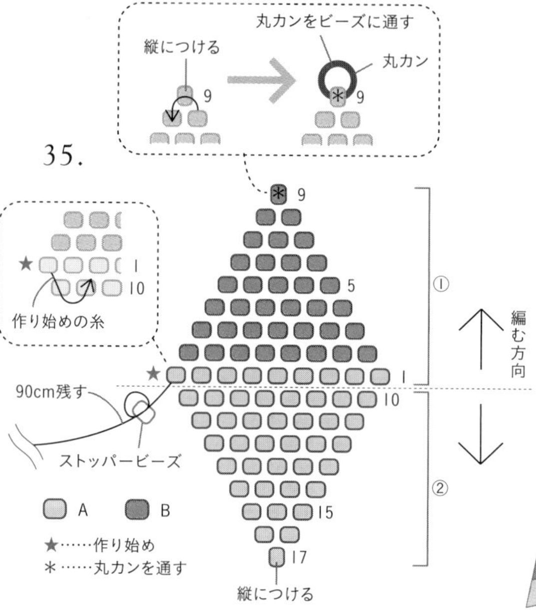

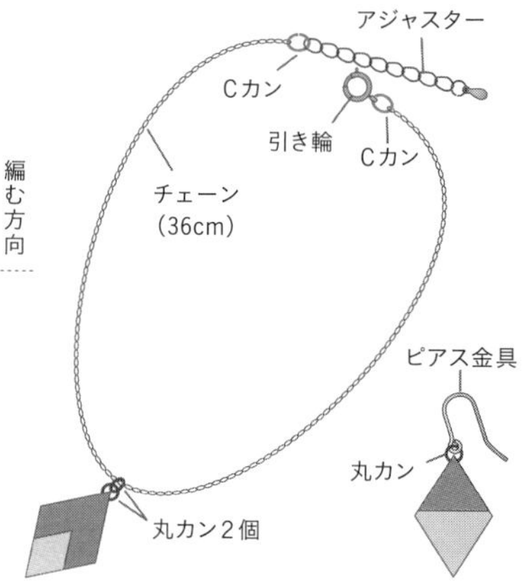

35 - sample

a
デリカビーズ
A黒（DB310） 56 個
Bイエローゴールド（DB1154） 25 個

b
デリカビーズ
Aグレー（DB209） 65 個
Bグリーン（DB754） 16 個

c
デリカビーズ
Aグレー（DB209） 49 個
Bイエローゴールド（DB1154） 32 個

d
デリカビーズ
Aパープル（DB281） 36 個
Bグレー（DB209） 25 個
Cオレンジ（DB1778） 20 個

e
デリカビーズ
A青（DB659） 63 個
Bグレー（DB209） 18 個

f
デリカビーズ
Aピンク（DB207） 36 個
B白（DB209） 45 個

a

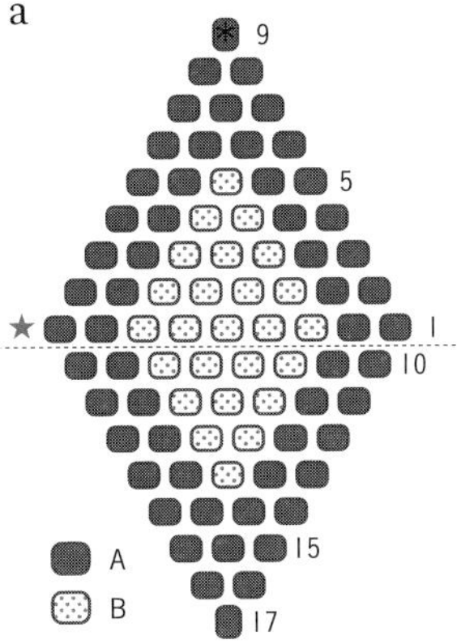

b

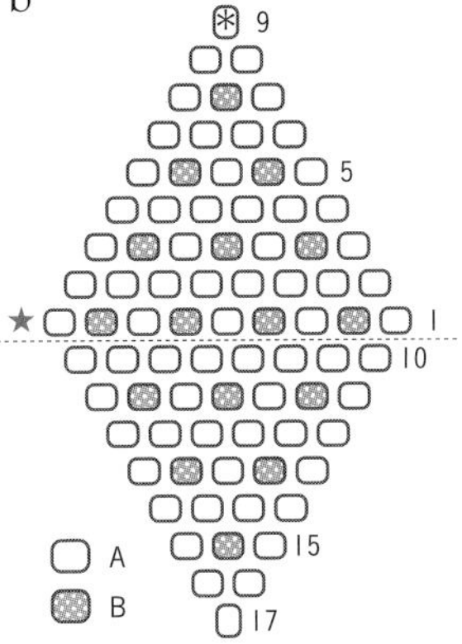

c

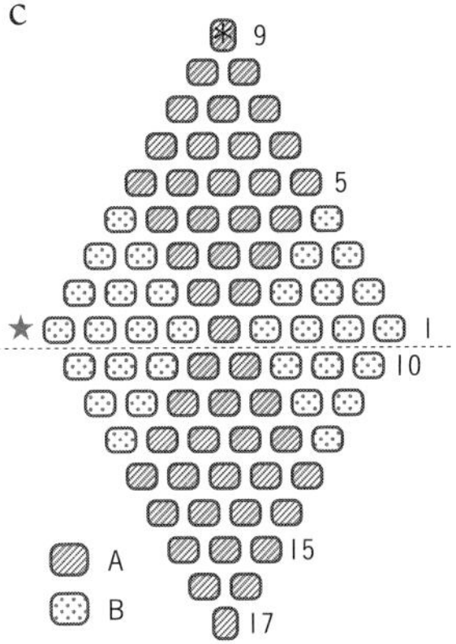

★……作り始め
＊……丸カンを通す

d

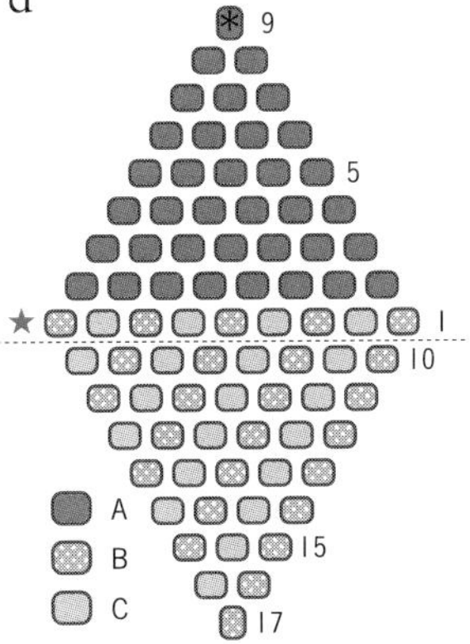

e

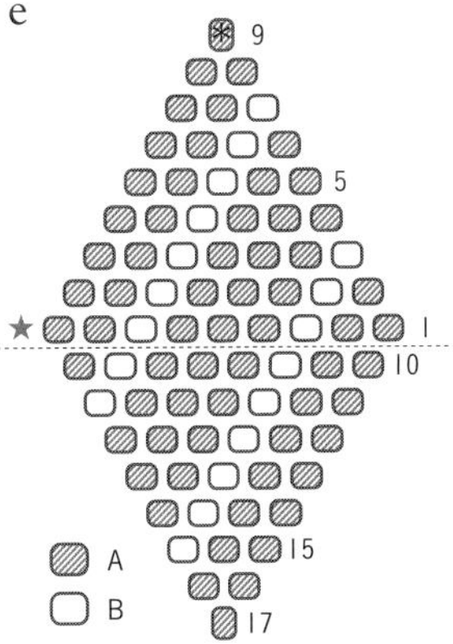

f

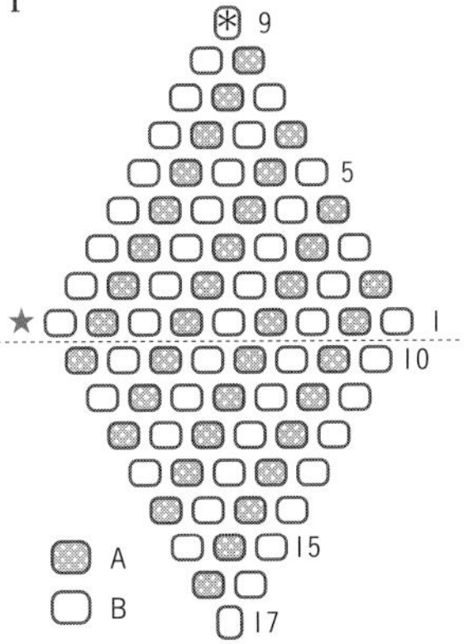

37,38 p.26

necklace

size: モチーフ2.3cm×1.5cm

材 料

37. デリカビーズ
　A白（DB351） 36個
　Bシルバー（DB41） 45個
　丸カン 0.6 × 3 mm（ゴールド） 2個
　Cカン 0.6 × 3 × 4 mm（ゴールド） 2個
　チェーン（ゴールド） 18cm × 2本
　引き輪（ゴールド） 1個
　アジャスター（ゴールド） 1個
　ビーズステッチ糸（白） 180cm

38. デリカビーズ
　Aゴールド（DB42） 36個
　Bピンク（DB1493） 45個
　丸カン 0.6 × 3 mm（ゴールド） 2個
　Cカン 0.6 × 3 × 4 mm（ゴールド） 2個
　チェーン（ゴールド） 18cm × 2本
　引き輪（ゴールド） 1個
　アジャスター（ゴールド） 1個
　ビーズステッチ糸（白） 180cm

作 り 方

❶p.74を参照して、シェイプドステッチでダイヤのモチーフを作る。丸カンは2か所に通す。
❷モチーフの丸カンにチェーンを通し、反対側の端にCカンで引き輪とアジャスターをそれぞれつなぐ。

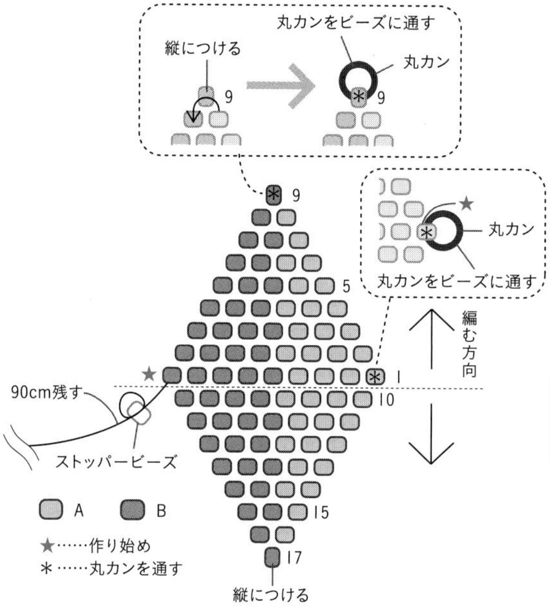

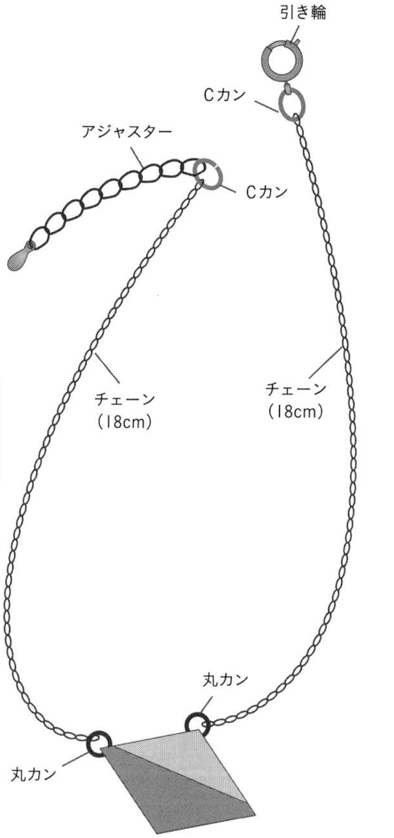

39,40 p.27

pierce

size: モチーフ2cm×1.5cm

材 料

39. デリカビーズ
A茶（DB794） 32個
Bアイボリー（DB389） 30個
Cコゲ金（DB1051） 26個
D赤（DB378） 22個
Eオレンジ（DB2044） 30個
Fうすピンク（DB354） 18個
皿つきピアス金具6mm（ゴールド） 1組
ビーズステッチ糸（白） 150cm×2本
接着剤 適宜

40. デリカビーズ
Aメタリックグリーン（DB324） 38個
B白（DB261） 24個
Cリーフグリーン（DB877） 40個
Dミントグリーン（DB374） 56個
皿つきピアス金具6mm（ゴールド） 1組
ビーズステッチ糸（白） 150cm×2本
接着剤 適宜

作 り 方

❶糸150cmの糸端90cmを残してストッパービーズを通す。シェイプドステッチでダイヤのモチーフを作る。①（1〜8段目）を編み、糸を始末する。作り始めの糸で②（9〜15段目）を編む。同じものを合計2個作る。
❷モチーフの裏に、接着剤でピアス金具を貼る。

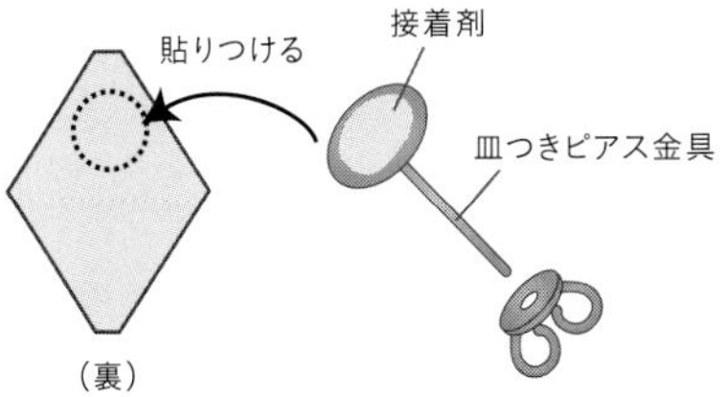

39.

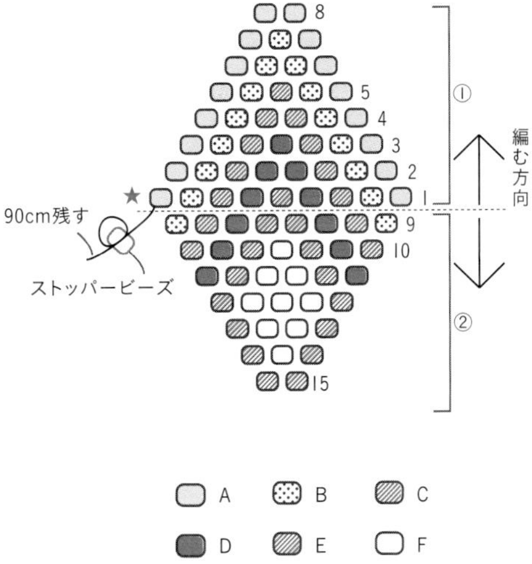

40.

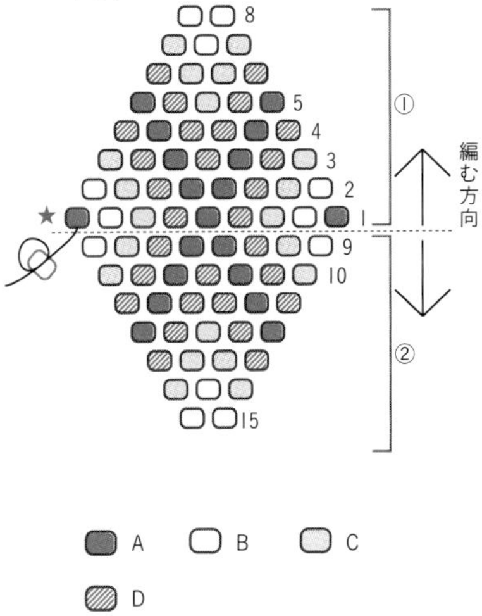

★……作り始め

41,42,43 p.28

necklace, earring, pierce

size: モチーフ3cm×1cm

材 料

41\. デリカビーズ
　A白（DB352） 71個
　B青（DB756） 48個
丸カン 0.7×4mm（マットシルバー） 2個
Cカン 0.7×3.5×4.5mm
（マットシルバー） 2個
チェーン（マットシルバー） 41cm
引き輪（マットシルバー） 1個
アジャスター（マットシルバー） 1個
ビーズステッチ糸（白） 110cm

42\. デリカビーズ
　A白（DB352） 76個
　B青（DB756） 162個
丸カン 0.7×4mm（マットシルバー） 2個
イヤリング金具（マットシルバー） 1組
ビーズステッチ糸（白） 110cm×2本

43\. デリカビーズ
　A白（DB352） 102個
　B青（DB756） 136個
丸カン 0.7×4mm（マットシルバー） 2個
ピアス金具（マットシルバー） 1組
ビーズステッチ糸（白） 110cm×2本

作 り 方

❶糸110cmの糸端20cmを残してストッパービーズを通す。奇数目のペヨーテステッチで7目、34段編み、レクタングルのモチーフを作る。ピアス、イヤリングは合計2個作る。
❷ピアス、イヤリングは丸カンにピアス金具、イヤリング金具をつなぐ。ネックレスは丸カンにもう1個丸カンをつなぎ、チェーンを通す。チェーンの両端にCカンで引き輪とアジャスターをそれぞれつなぐ。

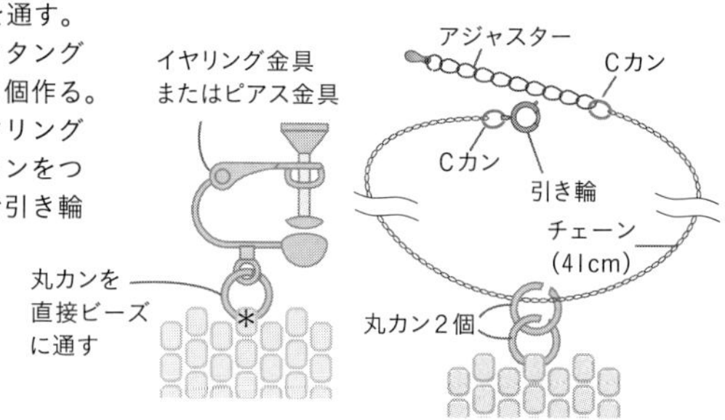

41.

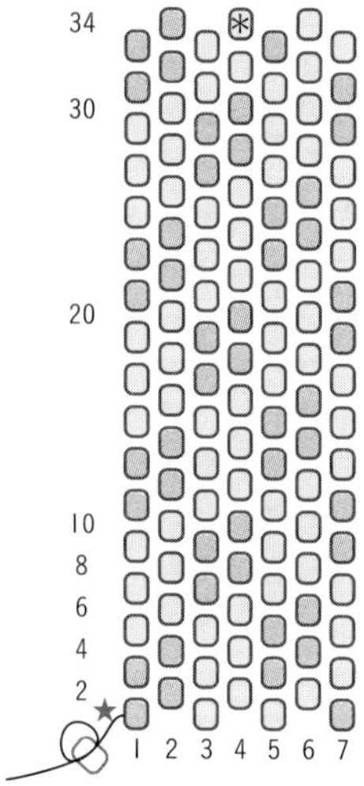

42.

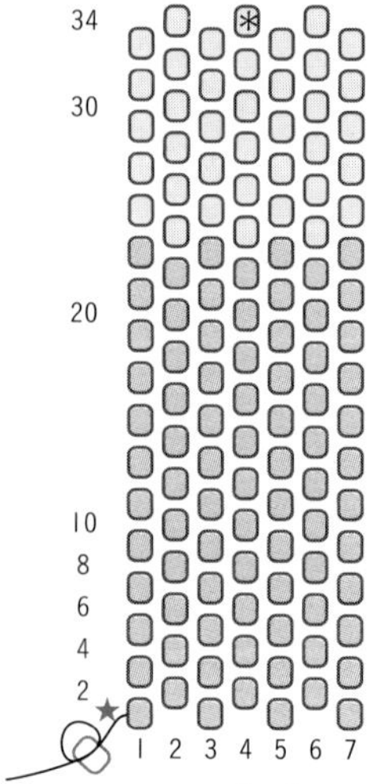

43.

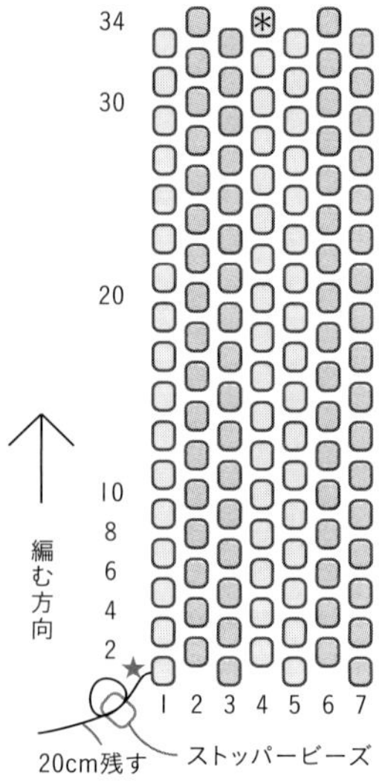

A　B
★……作り始め
＊……丸カンを通す

41 - sample

a

デリカビーズ

A白（DB351） 68個

B赤（DB378） 51個

b

デリカビーズ

A白（DB351） 46個

B赤（DB378） 66個

Cシルバー（DB35） 7個

c

デリカビーズ

A白（DB351） 48個

B赤（DB378） 20個

Cシルバー（DB35） 51個

d

デリカビーズ

A白（DB351） 74個

Cシルバー（DB35） 45個

e

デリカビーズ

A白（DB351） 61個

Cシルバー（DB35） 58個

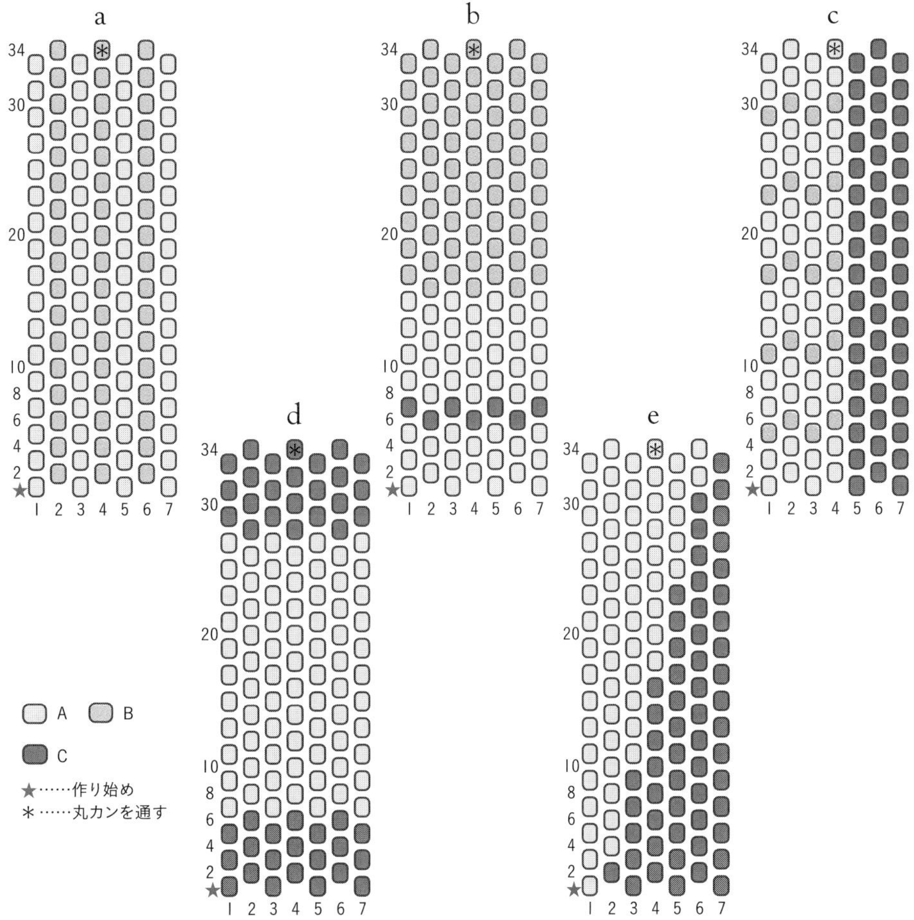

44,45 p.30

necklace

size: モチーフ4.3cm×1.4cm

材 料

44. デリカビーズ
　Aピンク（DB1363） 73個
　Bラピス（DB377） 73個
丸カン0.6×3mm（ゴールド） 2個
Cカン0.5×3×4mm（ゴールド） 2個
チェーン（ゴールド） 60cm
引き輪（ゴールド） 1個
アジャスター（ゴールド） 1個
ビーズステッチ糸（ブルー） 150cm×2本

45. デリカビーズ
　A赤紫（DB281） 24個
　Bピンク（DB1376） 73個
　Cうすピンク（DB1806） 49個
丸カン0.6×3mm（ゴールド） 2個
Cカン0.5×3×4mm（ゴールド） 2個
チェーン（ゴールド） 60cm
引き輪（ゴールド） 1個
アジャスター（ゴールド） 1個
ビーズステッチ糸（ローズ） 150cm×2本

作り方

❶糸150cmの糸端30cmを残してストッパービーズを通す。奇数目のペヨーテステッチで5目、29段編み、レクタングルのモチーフを合計2個作る。一方は作り始めの糸、もう一方は作り終わりの糸で2個のモチーフをつなぐ。
❷モチーフの丸カンにもう1個丸カンをつなぎ、チェーンを通す。チェーンの両端に、Cカンで引き輪とアジャスターをそれぞれつなぐ。

44.

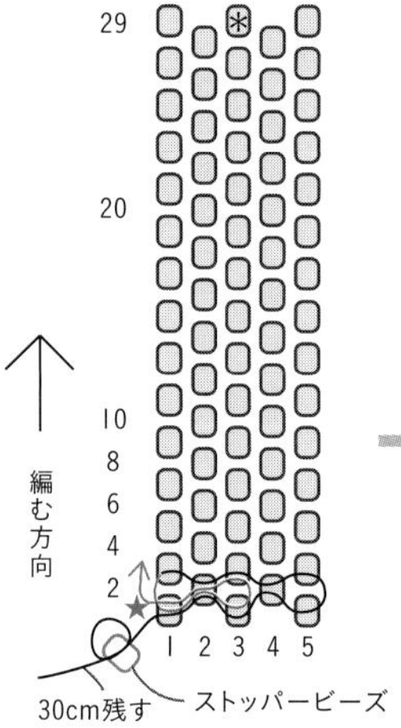

デリカビーズA、Bで1個ずつ作る

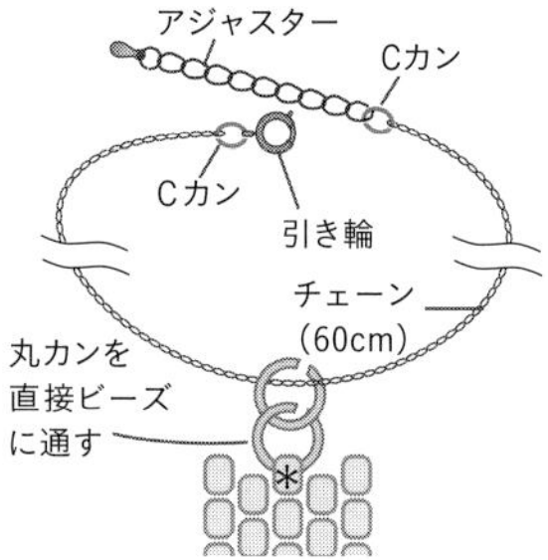

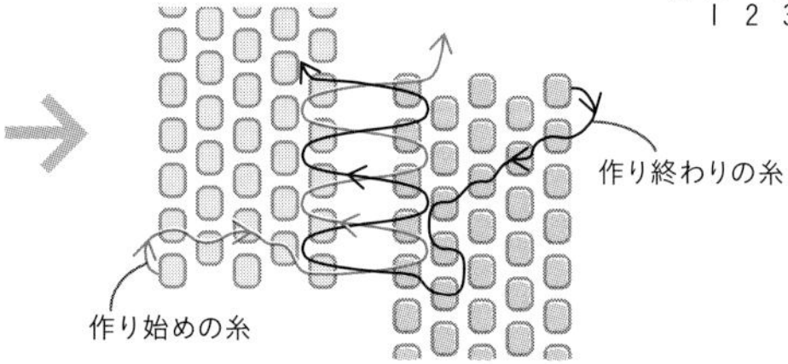

A　B　★……作り始め
＊……丸カンを通す

45.

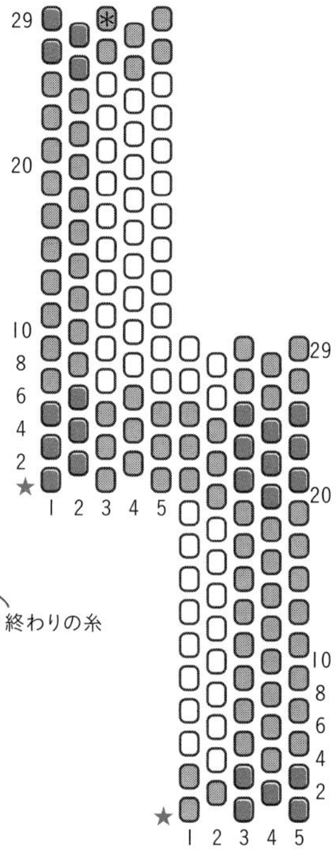

A　B　C

46 p.31

necklace

size: モチーフ2.9cm×0.9cm

材 料

46. デリカビーズ
  - A黒（DB310） 21個
  - B赤（DB753） 7個
  - Cオレンジ（DB752） 7個
  - Dイエロー（DB1592） 7個
  - Eブルー（DB793） 61個
  - F白（DB351） 4個
- 丸カン0.6×3mm（ゴールド） 3個
- Cカン大0.6×3×4mm（ゴールド） 1個
- Cカン小0.5×2×3mm（ゴールド） 2個
- 板カン（ゴールド） 1個
- カニカン（ゴールド） 1個
- チェーン（ゴールド） 45cm
- ビーズステッチ糸（ブルー） 100cm

作 り 方

❶糸100cmの糸端30cmを残してストッパービーズを通す。奇数目のペヨーテステッチでモチーフを作る。①（1～27段目）を編み、続けて②（28～30段目）を編み、糸を始末する。
❷作り始めの糸で③（31～33段目）を編む。
❸チェーンの両端にCカン小と丸カンで、板カンとカニカンをつなぐ。モチーフに丸カンを通し、Cカン大をつなぎチェーンをCカンに通す。

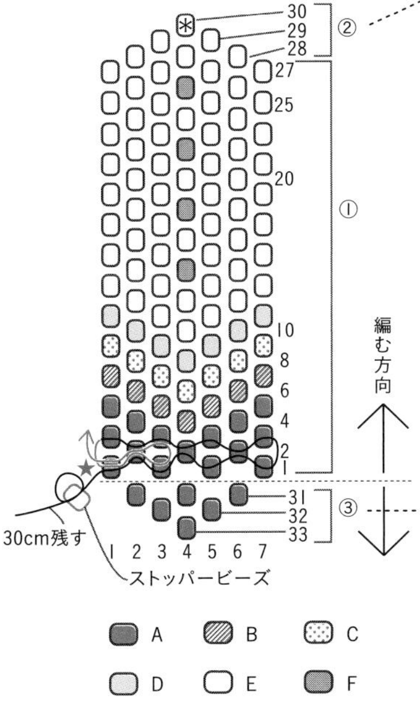

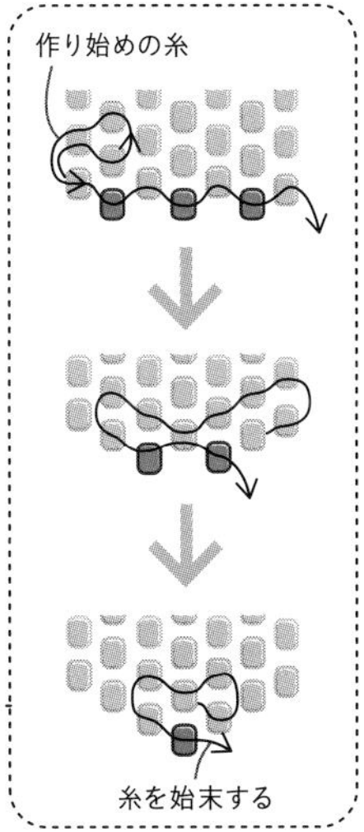

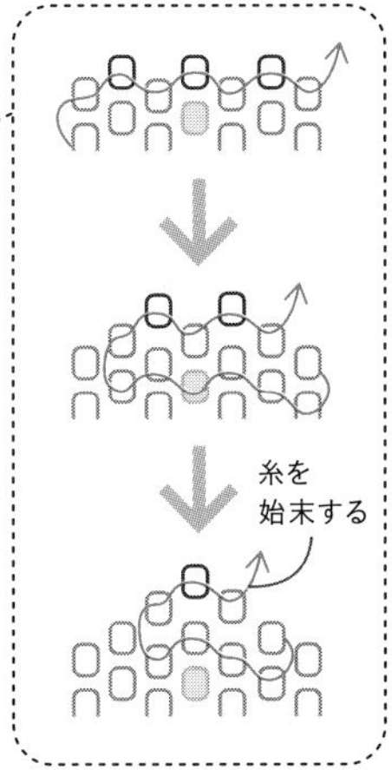

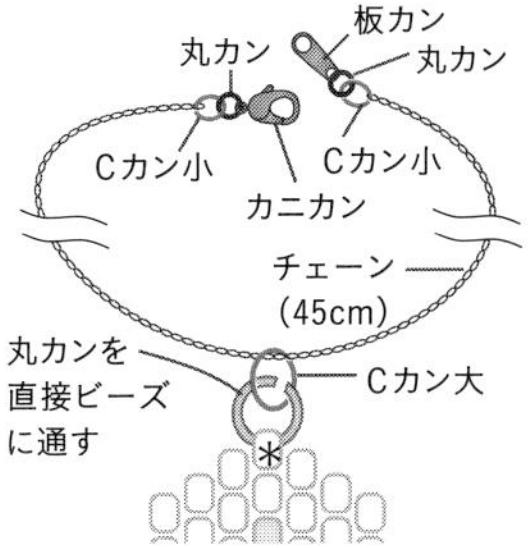

★……作り始め
＊……丸カンを通す

47 p.31

pierce

size: モチーフ3.4cm×0.6cm

材 料

47. デリカビーズ
    - A黒（DB310） 46個
    - B赤（DB753） 14個
    - Cオレンジ（DB752） 14個
    - Dイエロー（DB1592） 12個
    - E白（DB351） 70個

Cカン0.5×2×3mm（ゴールド） 4個
ピアス金具（ゴールド） 1組
ビーズステッチ糸（白） 100cm×2本、30cm×2本

作 り 方

❶糸100cmの糸端30cmを残してストッパービーズを通す。奇数目のペヨーテステッチでモチーフを作る。図中の①（1〜25段目）を編み、続けて②（26、27段目）を編み、糸を始末する。
❷作り始めの糸で③（28、29段目）を編む。
❸新たな糸30cmの糸端10cmを残して、❶のモチーフに通し、ビーズとCカンを通す。
❹❸のCカンにもう1個のCカンでピアス金具をつなぐ。

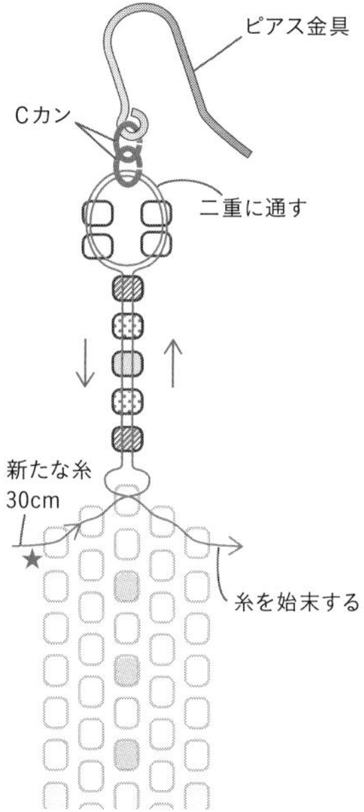

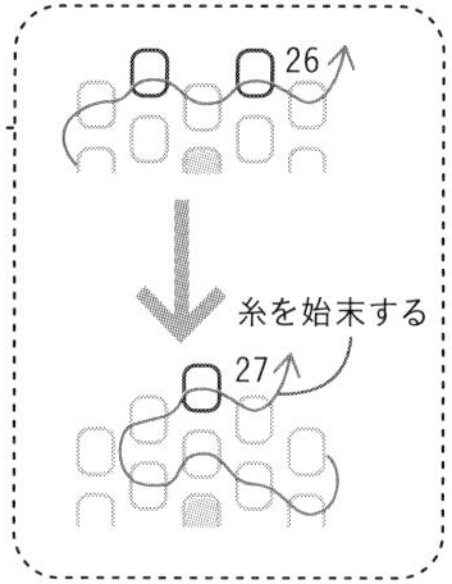

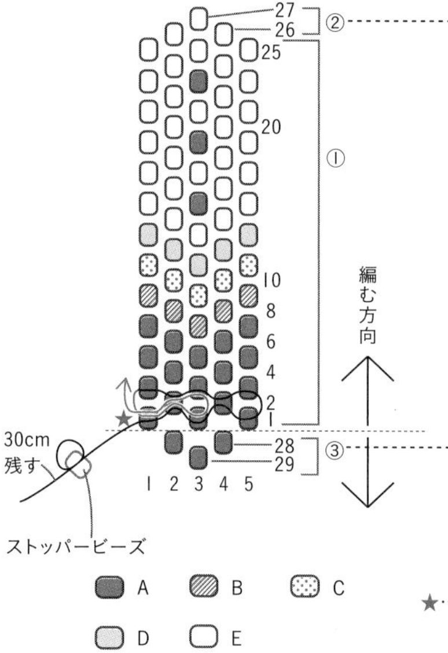

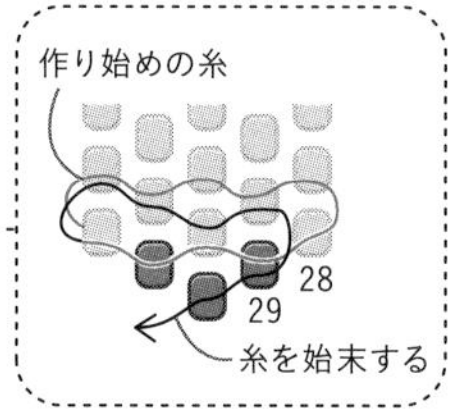

★……作り始め

48,49,50,51 p.32

pierce, necklace

size: ピアスモチーフ2.4cm×1.2cm、
ネックレスモチーフ6.5cm×1.2cm

材 料

48. デリカビーズ
ベージュ（DB389） 132個
丸カン大1.0 × 6mm（ゴールド） 2個
丸カン小0.7 × 3.5mm（ゴールド） 2個
ピアス金具（ゴールド） 1組
ビーズステッチ糸（アイボリー） 100cm × 2本

49. デリカビーズ
ターコイズグリーン（DB374） 132個
丸カン大1.0 × 6mm（ゴールド） 2個
丸カン小0.7 × 3.5mm（ゴールド） 2個
ピアス金具（ゴールド） 1組
ビーズステッチ糸（アイボリー） 100cm × 2本

50. デリカビーズ
Aブラウン（DB794） 58個
Bゴールド（DB1702） 58個
Cベージュ（DB389） 58個
Dライトベージュ（DB353） 58個
E白（DB261） 58個
丸カン0.7 × 3.5mm（ゴールド） 2個
カニカン（ゴールド） 1個
アジャスター（ゴールド） 1個
チェーン（ゴールド） 60cm
ビーズステッチ糸（アイボリー） 100cm × 5本

51. デリカビーズ
Aメタリックグリーン（DB324） 58個
Bターコイズグリーン（DB374） 58個
Cリーフグリーン（DB877） 58個
Dライムグリーン（DB876） 58個
Eアイボリー（DB883） 58個
丸カン0.7 × 3.5mm（ゴールド） 2個
カニカン（ゴールド） 1個
アジャスター（ゴールド） 1個
チェーン（ゴールド） 60cm
ビーズステッチ糸（アイボリー） 100cm × 5本

50.51.

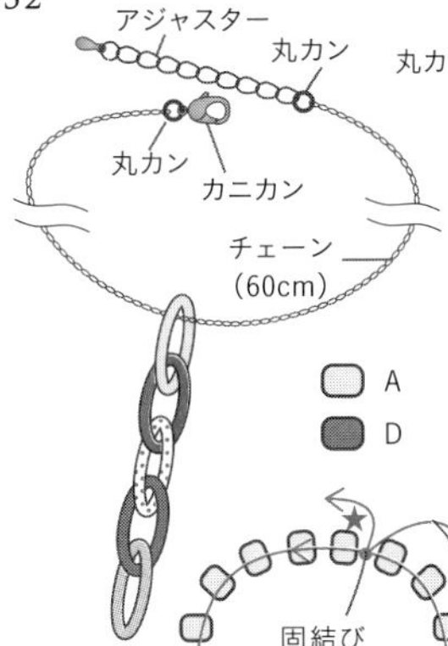

48.49.

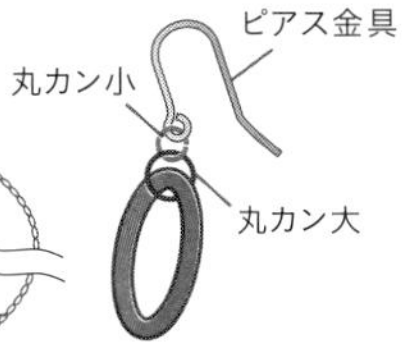

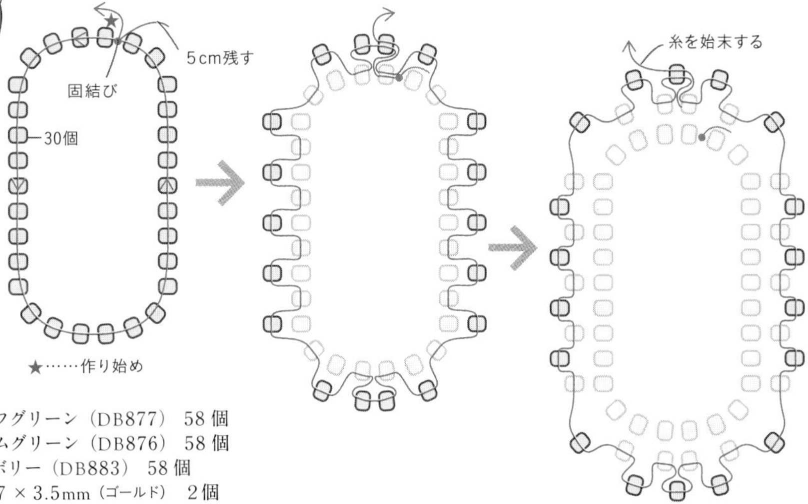

48.49. 作り方

❶糸100cmにビーズ30個を通し、輪にして固結びする。ペヨーテサーキュラーでリーフのモチーフを編む。
❷丸カンでピアス金具をつなぐ。

50.51. 作り方

❶スタートのビーズを26個に減らして、ピアスと同じようにモチーフを作る。２個目は１個目のモチーフの輪に最初の26個の輪を通して固結びし、編み始める。
❷モチーフ５個を連ねて編み、デリカビーズAのモチーフにチェーンを通す。チェーンの両端に丸カンでカニカン、アジャスターをそれぞれつなぐ。

52,53,54 p.33

pierce

size: モチーフ1.7cm×2.0cm

材 料

52. デリカビーズ
　A白（DB351） 68個
　Bシルバー（DB38） 56個
　C黒（DB310） 44個
　D赤（DB378） 32個
皿つきピアス金具（ゴールド） 1組
ビーズステッチ糸（白） 130cm×2本
接着剤 適宜

53. デリカビーズ
　Aフロスト白（DB1286） 68個
　Bブルー（DB792） 56個
　Cグレー（DB1063） 44個
　Dネイビー（DB377） 32個
皿つきピアス金具（ゴールド） 1組
ビーズステッチ糸（白） 130cm×2本
接着剤 適宜

54. デリカビーズ
　A白（DB388） 68個
　Bグリーン（DB877） 56個
　Cターコイズブルー（DB374） 44個
　Dメタリックグリーン（DB324） 32個
皿つきピアス金具（ゴールド） 1組
ビーズステッチ糸（白） 130cm×2本
接着剤 適宜

作り方

❶糸130cmの糸端50cmを残して、ストッパービーズを通す。シェイプドステッチで六角形のモチーフを作る。同じものを2個作る。①（1～5段目）を編み、続けて②（6～9段目）を編む。いったん糸を休ませておき、作り始めの糸で③（10～13段目）を編む。②の休ませておいた糸で④（14～17段目）を編む。
❷モチーフの裏に接着剤でピアス金具を貼る。

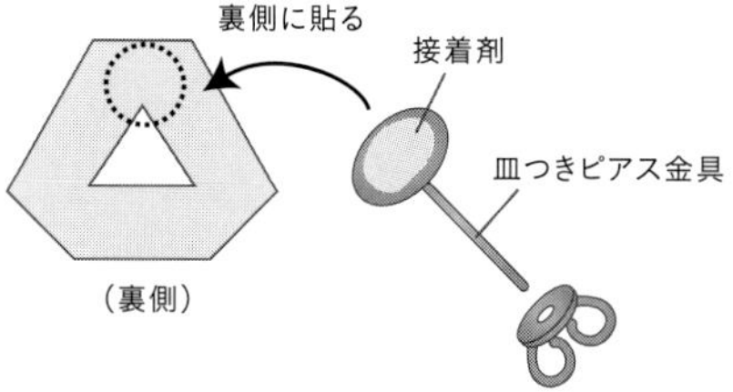

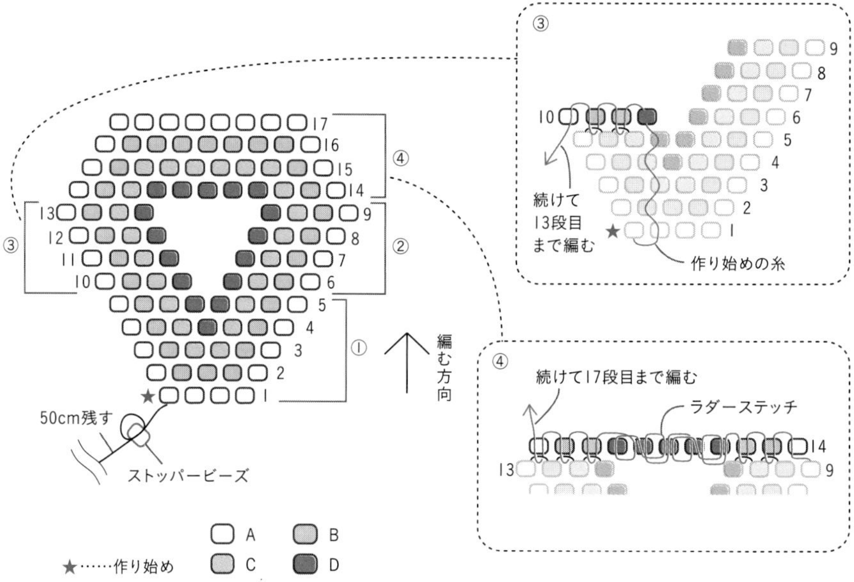

55,56 p.34

tie tack

size: モチーフ3.3cm×1.3cm

材料

55. デリカビーズ
  A白（DB51） 67個
  B赤（DB378） 75個
  タイタック金具（シルバー） 1個
  ビーズステッチ糸（白） 100cm
  接着剤 適宜

56. デリカビーズ
  A白（DB51） 67個
  Bゴールド（DB686） 75個
  タイタック金具（シルバー） 1個
  ビーズステッチ糸（白） 100cm
  接着剤 適宜

作り方

❶糸100cmの糸端20cmを残して、ストッパービーズを通す。シェイプドステッチでワインボトルのモチーフを作る。
❷モチーフの裏に、接着剤でタイタック金具を貼る。

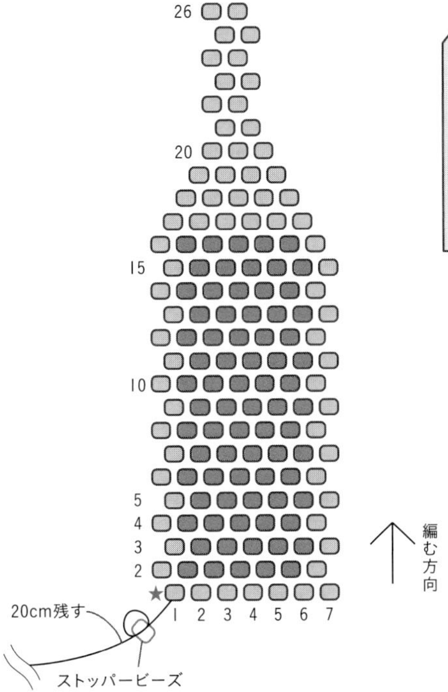

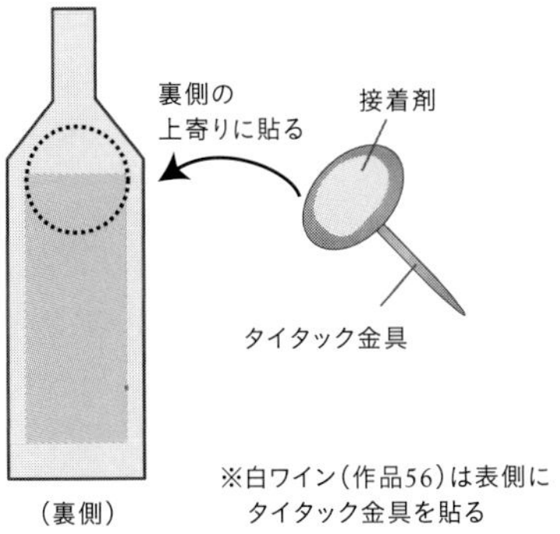

※白ワイン（作品56）は表側にタイタック金具を貼る

A　B
★……作り始め

57,58 p.34

tie tack

size: モチーフ2.7cm×1.5cm

材 料

57. デリカビーズ
  A白（DB51） 57個
  B赤（DB378） 37個
 タイタック金具（シルバー） 1個
 ビーズステッチ糸（白） 120cm
 接着剤 適宜

58. デリカビーズ
  A白（DB51） 57個
  Bゴールド（DB686） 37個
 タイタック金具（シルバー） 1個
 ビーズステッチ糸（白） 120cm
 接着剤 適宜

作 り 方

❶糸120cmの糸端40cmを残して、ストッパービーズを通す。シェイプドステッチでワイングラスのモチーフを作る。
❷モチーフの裏に、接着剤でタイタック金具を貼る。

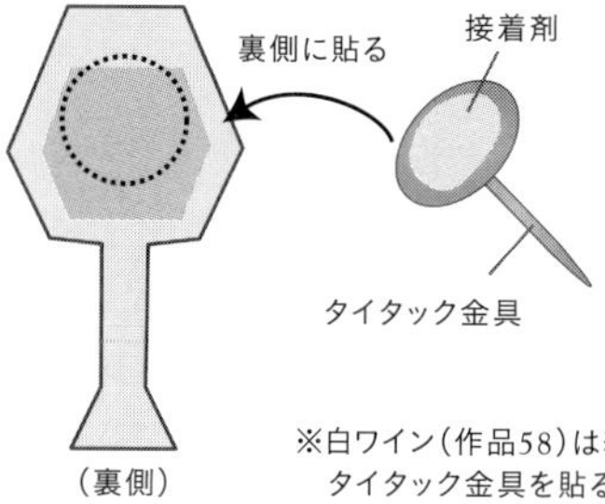

※白ワイン（作品58）は表側にタイタック金具を貼る

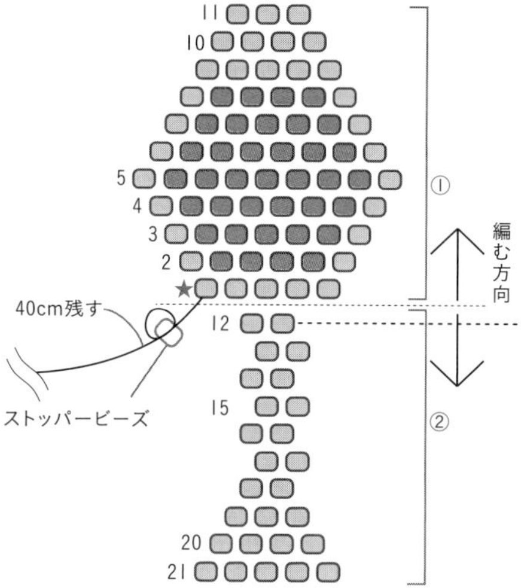

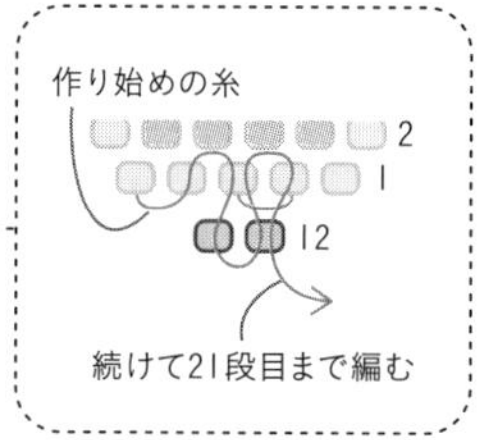

A B
★……作り始め

59,60,61,62 p.35

bracelet

size: ハート1.3cm×1.5cm、ダイヤ1.6cm×1.1cm、
スペード1.7cm×1.5cm、クローバー1.7cm×1.8cm

材 料

59. デリカビーズ
A赤（DB378） 32個
B白（DB351） 29個
Cカン0.5×2×3mm（ゴールド） 2個
板カン（ゴールド） 1個
引き輪（ゴールド） 1個
チェーン（ゴールド） 15cm
ビーズステッチ糸（白） 100cm

60. デリカビーズ
A赤（DB378） 35個
B白（DB351） 21個
Cカン0.5×2×3mm（ゴールド） 2個
板カン（ゴールド） 1個
引き輪（ゴールド） 1個
チェーン（ゴールド） 15cm
ビーズステッチ糸（白） 100cm

61. デリカビーズ
A赤（DB378） 41個
B白（DB351） 28個
Cカン0.5×2×3mm（ゴールド） 2個
板カン（ゴールド） 1個
引き輪（ゴールド） 1個
チェーン（ゴールド） 15cm
ビーズステッチ糸（白） 100cm

62. デリカビーズ
A赤（DB378） 40個
B白（DB351） 39個
Cカン0.5×2×3mm（ゴールド） 2個
板カン（ゴールド） 1個
引き輪（ゴールド） 1個
チェーン（ゴールド） 15cm
ビーズステッチ糸（白） 100cm

作り方

❶糸100cmの糸端にストッパービーズを通す。シェイプドステッチでモチーフを作る。
❷モチーフにチェーンを通し、チェーンの両端にCカンで引き輪、板カンをそれぞれつなぐ。

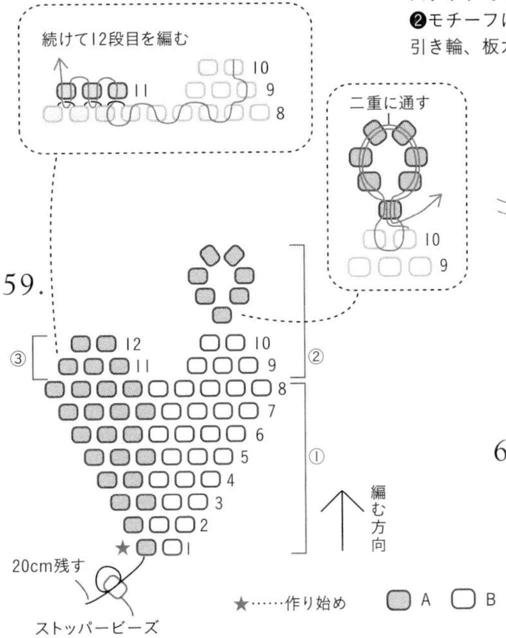

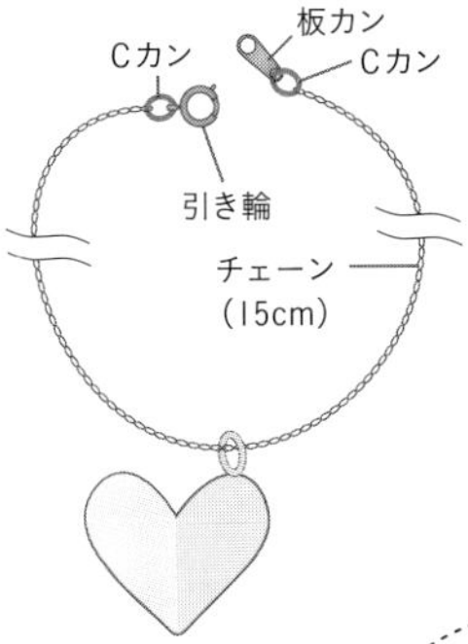

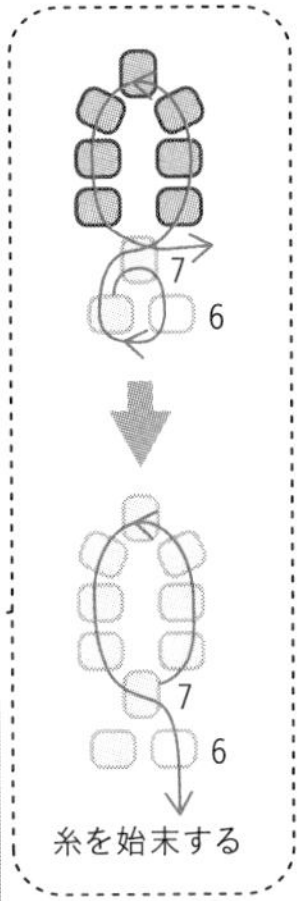

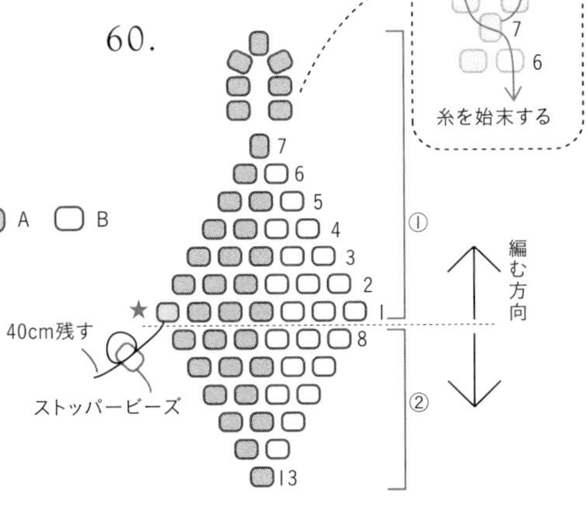

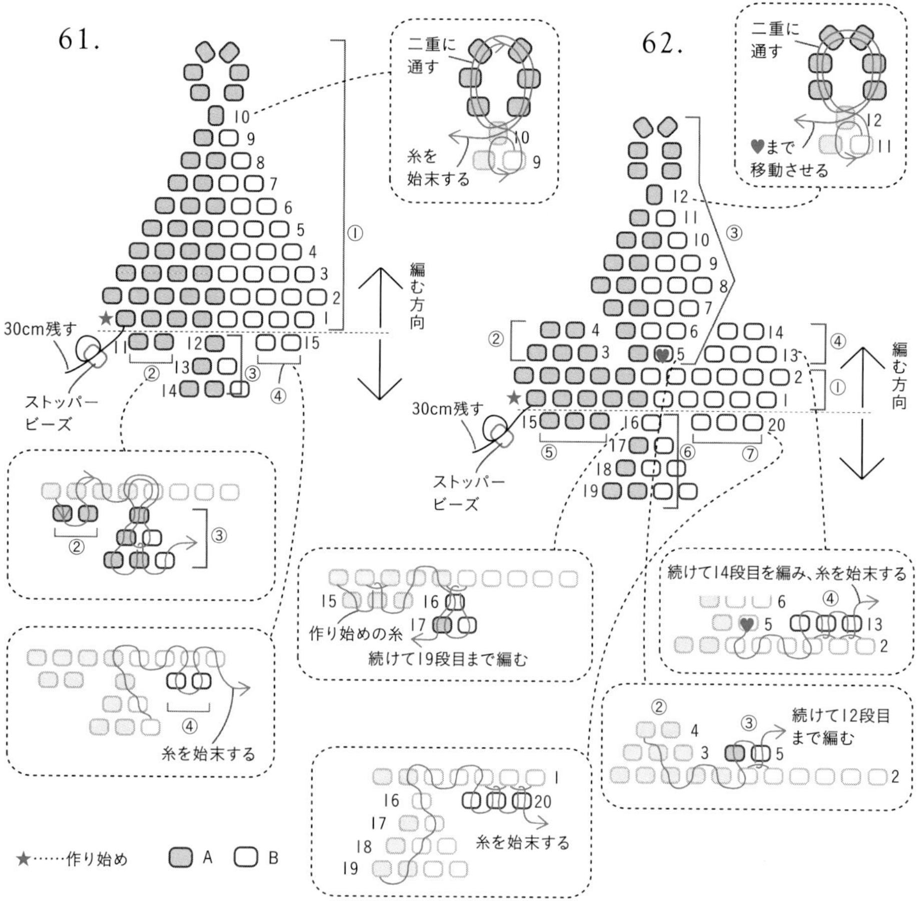

59 - 62 - sample

a
デリカビーズ
A青（DB377） 25個
B白（DB351） 29個

b
デリカビーズ
A青（DB377） 28個
B白（DB351） 21個

c
デリカビーズ
A青（DB377） 35個
B白（DB351） 28個

d
デリカビーズ
A青（DB377） 33個
B白（DB351） 38個

63 p.36

bracelet

size: モチーフ径1.3cm

材 料

63. デリカビーズ
　ゴールド（DB1153） 37個
丸カン 0.6 × 3mm（ゴールド） 4個
Cカン 0.5 × 2 × 3mm（ゴールド） 4個
板カン（ゴールド） 1個
カニカン（ゴールド） 1個
チェーン（ゴールド） 6.5cm × 2本
ビーズステッチ糸（白） 100cm

作り方

❶糸100cmの糸端20cmを残してストッパービーズを通す。シェイプドステッチで6段編み、三角形を作る。7段目はビーズを縦につける。

❷❶の三角形に編み足して、ヘキサグラム（六ぼう星）のモチーフを作る。♥から糸を出し、右上の突起を編む。続けて◉から糸を出し、左上の突起を右側と左右対称に編む。▲から作り始めの糸を出し、下の突起を編む。

❸ビーズに丸カンを通し、Cカンでチェーンとつなぐ。チェーンのもう片端にCカン、丸カンで板カン、カニカンをそれぞれつなぐ。

♥から糸を出し、右上の突起を編む

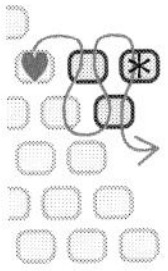

◉から糸を出し、左上の突起を編む

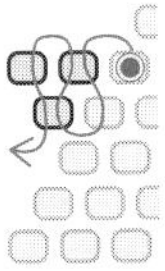

▲から糸を出し、下の突起を編む

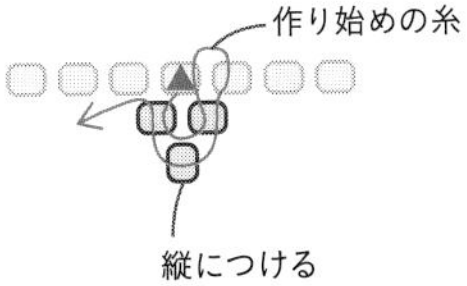

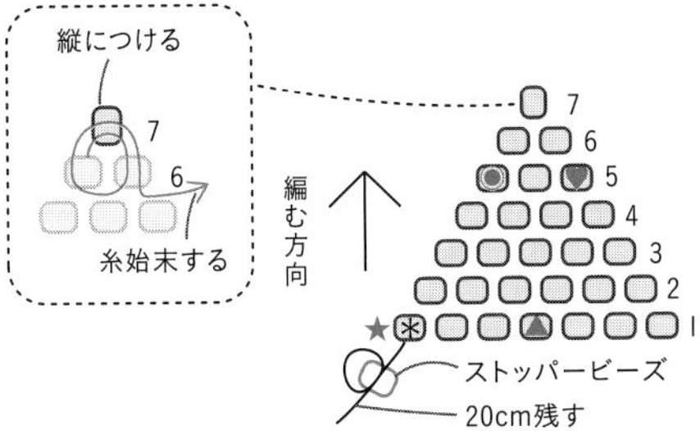

★……作り始め
＊……丸カンを通す

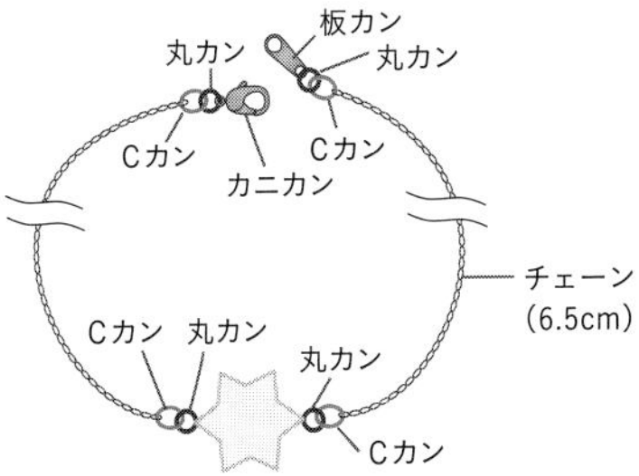

64 p.36

bracelet

size: モチーフ径1.7cm

材 料

64. デリカビーズ
　ゴールド（DB1836） 73 個
　丸カン 0.6 × 3 mm（ゴールド） 4 個
　C カン 0.5 × 2 × 3 mm（ゴールド） 4 個
　板カン（ゴールド） 1 個
　カニカン（ゴールド） 1 個
　チェーン（ゴールド） 6.5cm × 2 本
　ビーズステッチ糸（白） 160cm

作 り 方

❶糸160cmの糸端30cmを残してストッパービーズを通す。シェイプドステッチで９段編み、三角形を作る。10段目はビーズを縦につける。

❷❶の三角形に編み足して、ヘキサグラム（六ぼう星）のモチーフを作る。♥から糸を出し、右上の突起を編む。続けて◉から糸を出し、左上の突起を右側と左右対称に編む。▲から作り始めの糸を出し、下の突起を編む。

❸ビーズに丸カンを通し、Cカンでチェーンとつなぐ。チェーンのもう片端にCカン、丸カンで板カン、カニカンをそれぞれつなぐ。

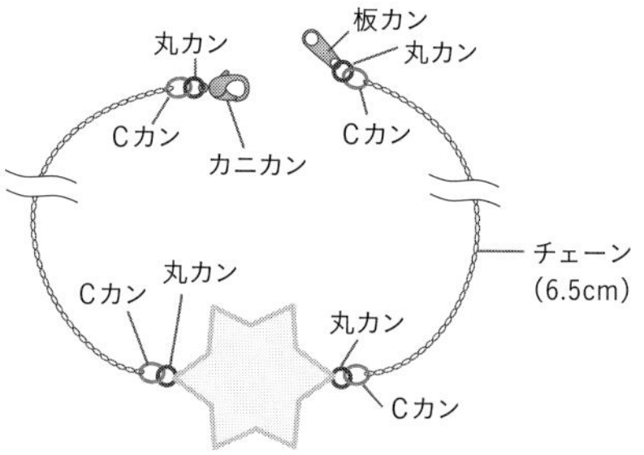

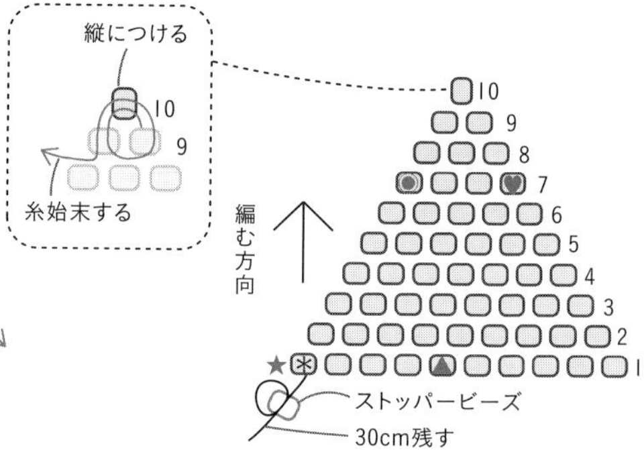

★……作り始め
＊……丸カンを通す

♥から糸を出し、右上の突起を編む

◉から糸を出し、左上の突起を編む

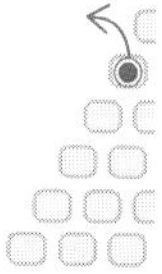

▲から糸を出し、下の突起を編む

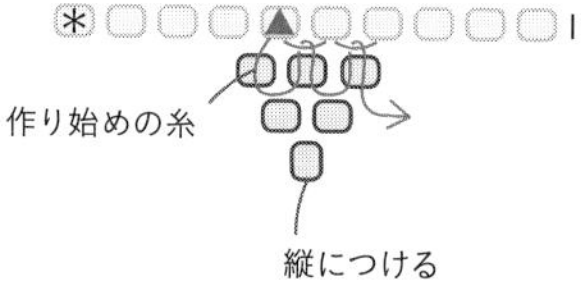

65,66 p.37

brooch

size: モチーフ1.2cm×1.7cm

材 料

65. デリカビーズ
  A本金メッキ（DB31） 41個
  B赤（DB295） 8個
 丸カン 0.6×3mm（ゴールド） 2個
 ブローチピン（ゴールド） 1個
 ビーズステッチ糸（ベージュ） 100cm

66. デリカビーズ
  A本金メッキ（DB31） 41個
  Bグリーン（DB713） 8個
 丸カン 0.6×3mm（ゴールド） 2個
 ブローチピン（ゴールド） 1個
 ビーズステッチ糸（ベージュ） 100cm

作 り 方

❶糸100cmの糸端20cmを残してストッパービーズを通す。シェイプドステッチでモチーフを作る。①（1～7段目）を編み、糸は始末する。作り始めの糸で②（8、9段目）を編む。
❷モチーフの丸カンとブローチピンをもう1個の丸カンでつなぐ。

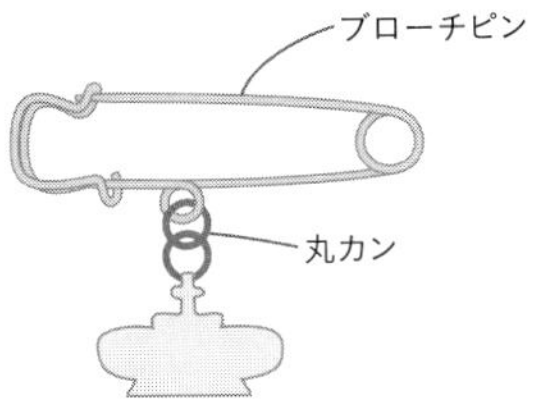

A　B　★……作り始め
＊……丸カンを通す

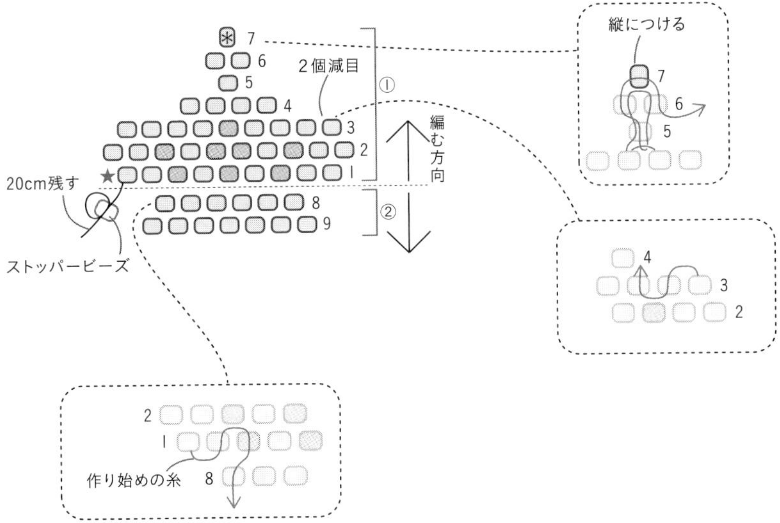

67,68 p.38

pierce

size: モチーフ径1.6cm

材 料

67. デリカビーズ
　Aグリーン（DB274） 36個
　B白（DB66） 36個
　C青（DB1785） 72個
Cカン大0.6×3×4mm（ゴールド） 2個
Cカン小0.5×2×3mm（ゴールド） 2個
ピアス金具（ゴールド） 1組
ビーズステッチ糸（白） 100cm×2本

68. デリカビーズ
　Aイエロー（DB751） 36個
　B水色（DB759） 36個
　C青（DB756） 72個
Cカン大0.6×3×4mm（ゴールド） 2個
Cカン小0.5×2×3mm（ゴールド） 2個
ピアス金具（ゴールド） 1組
ビーズステッチ糸（白） 100cm×2本

作り方

❶糸100cmの糸端20cmを残して1、2段目のビーズ18個を通し、輪にする。図のように5段目までペヨーテサーキュラーステッチで編む。
❷モチーフのCカン大にCカン小でピアス金具をつなぐ。同じものを2個作る。

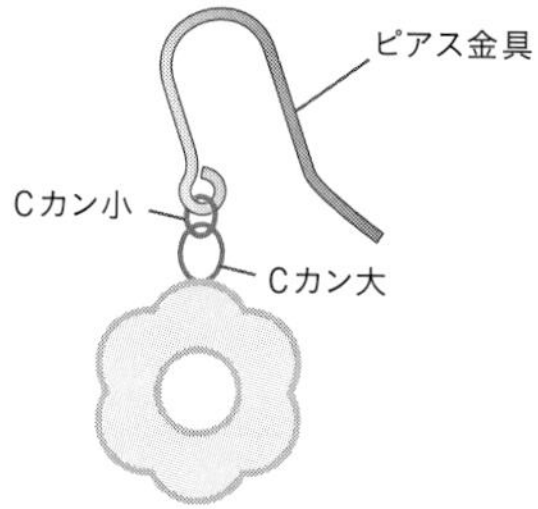

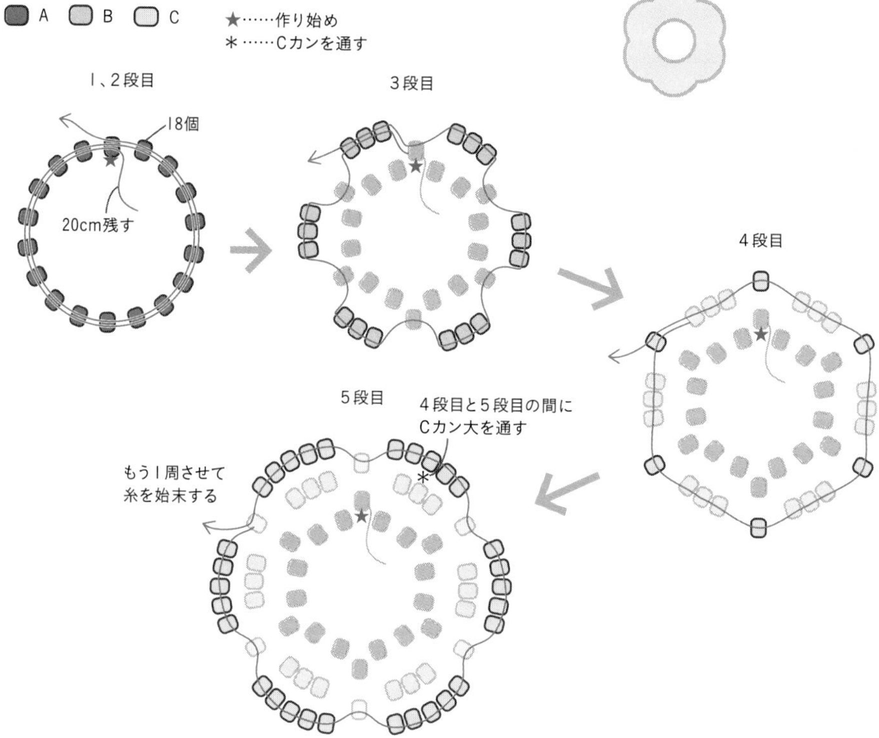

69 p.38

necklace

size: モチーフ径1.9cm

材 料

69. デリカビーズ
  Aパープル（DB73） 80個
  Bピンク（DB1493） 48個
  C白（DB351） 8個
 丸カン0.6×3mm（ゴールド） 2個
 Cカン大0.6×3×4mm（ゴールド） 1個
 Cカン小0.5×2×3mm（ゴールド） 2個
 板カン（ゴールド） 1個
 カニカン（ゴールド） 1個
 チェーン（ゴールド） 37cm
 ビーズステッチ糸（ベージュ） 100cm

作り方

❶糸100cmの糸端20cmを残して1、2段目のビーズ24個を通し、輪にする。図のように8段目までペヨーテサーキュラーステッチで編む。
❷モチーフのCカン大にチェーンを通し、チェーンの先にCカン小、丸カンで板カンとカニカンをそれぞれつなぐ。

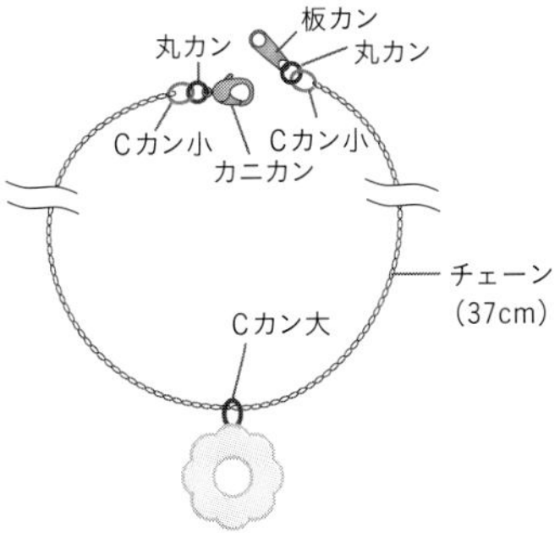

A B C ★……作り始め
＊……Cカンを通す

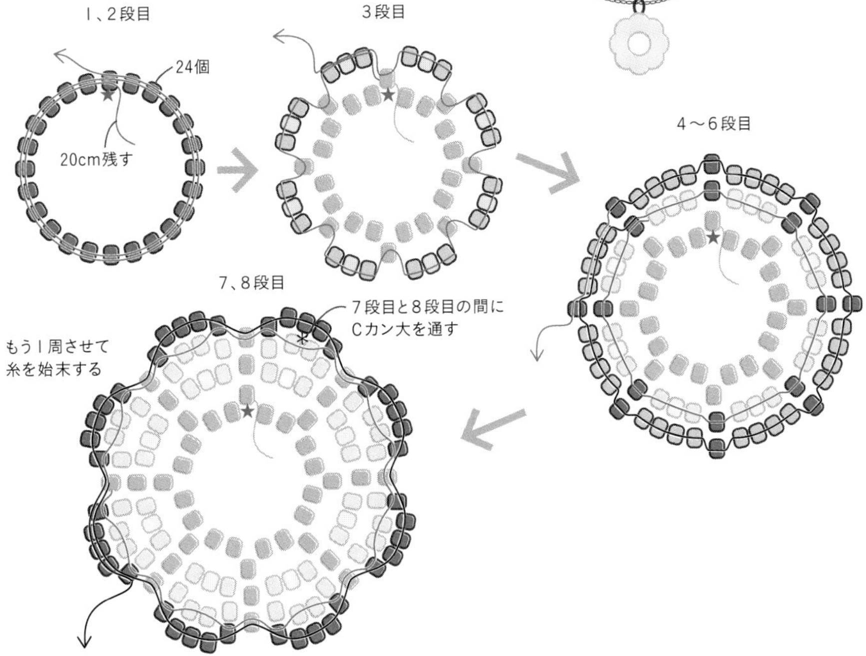

70,71,72,73 p.39

bracelet

size: 幅1.5cm、長さ14cm（金具を除く）

材料

70. デリカビーズ
- A青（DB1783） 470個
- Bイエロー（DB1592） 192個
- Cピンク（DB1806） 24個
- D白（DB351） 24個
- Eうす金（DB334） 32個
- Fうすイエロー（DB1801） 188個

丸カン大0.8×5mm（ゴールド） 4個
丸カン小0.6×3mm（ゴールド） 3個
マンテル（ゴールド） 1組
ビーズステッチ糸（ベージュ） 適宜

71. デリカビーズ
- A白（DB211） 512個
- B赤（DB1780） 220個
- Cグリーン（DB1788） 105個
- Dトパーズ（DB1778） 70個
- Eうすオレンジ（DB1803） 30個
- F水色（DB1783） 5個

丸カン大0.8×5mm（金古美） 4個
丸カン小0.6×3mm（金古美） 3個
マンテル（金古美） 1組
ビーズステッチ糸（ベージュ） 適宜

72. デリカビーズ
- A黒（DB310） 422個
- Bアイボリー（DB261） 354個
- Cトパーズ（DB1778） 154個

丸カン大0.8×5mm（金古美） 4個
丸カン小0.6×3mm（金古美） 3個
マンテル（金古美） 1組
ビーズステッチ糸（ベージュ） 適宜

73. デリカビーズ
- Aマットシルバー（DB335） 266個
- B本金メッキ（DB31） 107個
- Cピンク（DB624） 134個
- D水色（DB628） 84個
- Eパープル（DB629） 125個
- Fグリーン（DB626） 88個
- Gイエロー（DB623） 114個

丸カン大0.8×5mm（ゴールド） 4個
丸カン小0.6×3mm（ゴールド） 3個
マンテル（ゴールド） 1組
ビーズステッチ糸（ベージュ） 適宜

作り方

❶糸200cmの糸端50cmを残してストッパービーズを通し、ペヨーテステッチでシートを編み、端は三角形に編んでループを作る。作り始めの糸で反対側にも三角形を編み、ループを作る。

❷ループに丸カン大、小でマンテルをつなぐ。

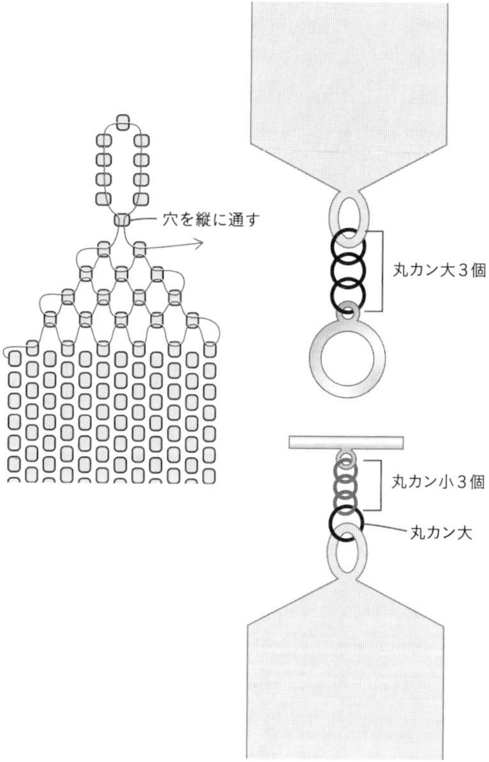

70. パターンを2回くり返す

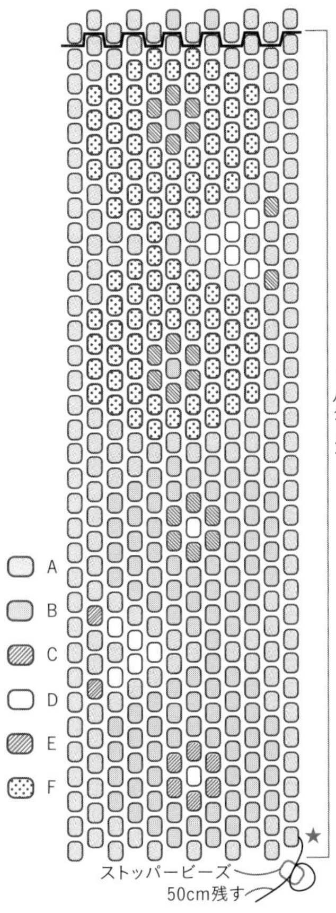

71. 端はAを編み足す

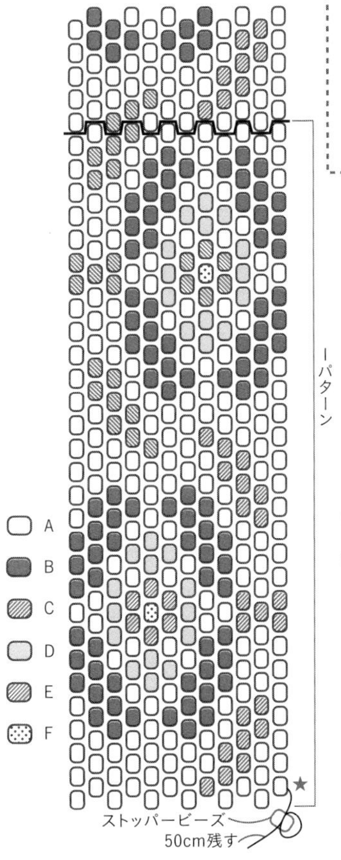

73.

端の編み図

★……作り始め

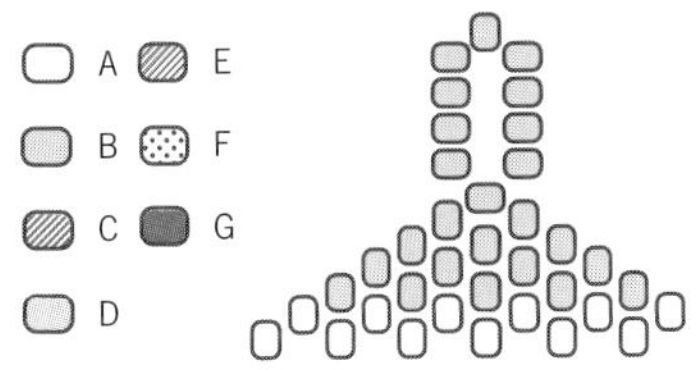

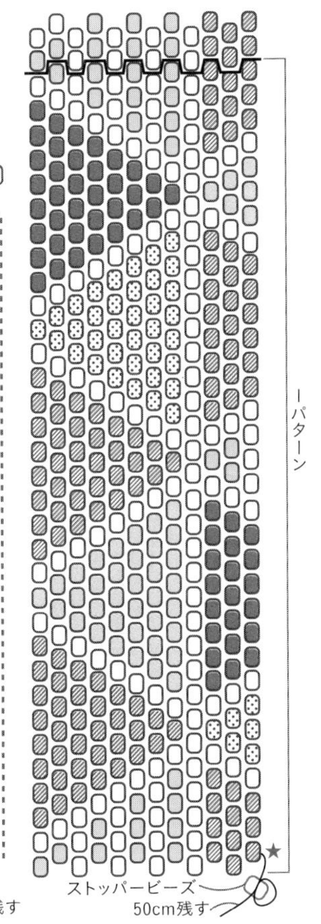

72.

端の編み図

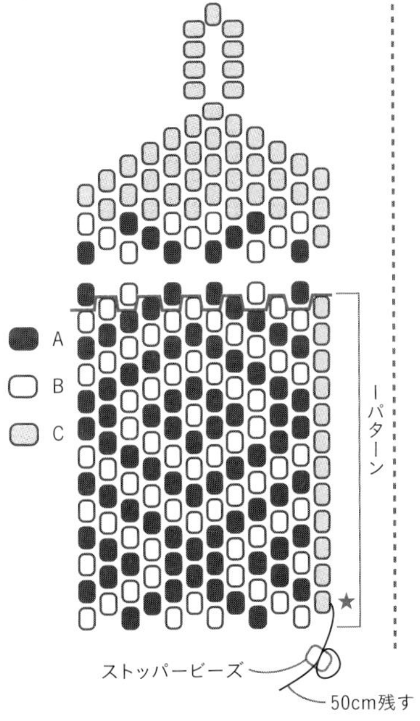

< Accessory design >

○gingerme tomoe（永澤朋恵） http://www.flag-of-free.com/
○1740AVENUE https://1740avenue.stores.jp/
○tmm
○石毛かおり（とみやま かおり Pieni Plus） https://www.creema.jp/c/pieniplus/
○かぎたに ようこ（feve beads）
○MON PARURE一下島優子 http://www.monparure.com/

針と糸で、はじめてでも可愛く作れる
ちいさなビーズアクセサリー

2015年５月30日 初版発行
2023年11月20日 新装版初版印刷
2023年11月30日 新装版初版発行

発行者 小野寺優
発行所 株式会社河出書房新社
〒151-0051 東京都渋谷区千駄ヶ谷２-32-２
電話 03-3404-1201（営業）
03-3404-8611（編集）
https://www.kawade.co.jp/
印刷・製本 TOPPAN株式会社

Printed in Japan
ISBN978-4-309-29359-2

< Staff >

Book design 三上祥子（Vaa）
Photograph わだりか
Styling 串尾広枝
Illustration 株式会社レシピア
Editing 相澤若菜

< 撮影協力 >

AWABEES

< 材料協力 >

株式会社 MIYUKI（ビーズファクトリー）
tel. 084-972-4747
https://www.miyuki-beads.co.jp/
https://www.beadsfactory.co.jp/

＊材料のデリカビーズが一部メーカー廃番のため、
写真の作品とは異なる代替色の表記に変更しています。

本書の内容に関するお問い合わせは、お手紙かメール（jitsuyou@kawade.co.jp）にて承ります。恐縮ですが、お電話でのお問い合わせはご遠慮くださいますようお願いいたします。

本書は2015年５月小社刊『ビーズステッチのちいさなアクセサリー』を改題・新装したものです。

70. パターンを2回くり返す

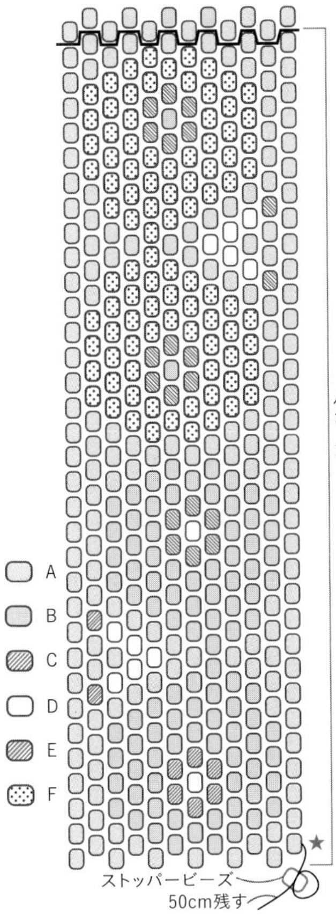

71. 端はAを編み足す

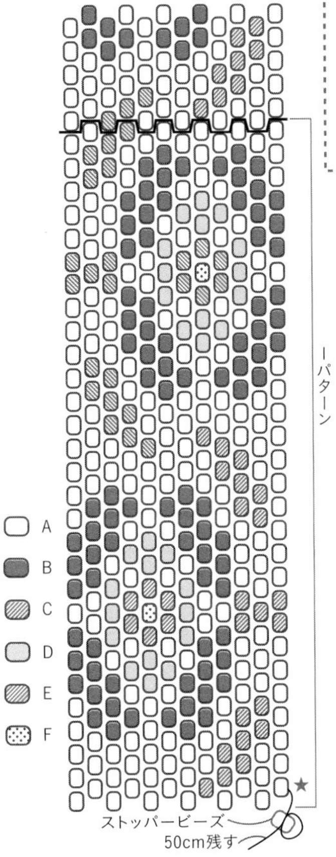

73.

端の編み図

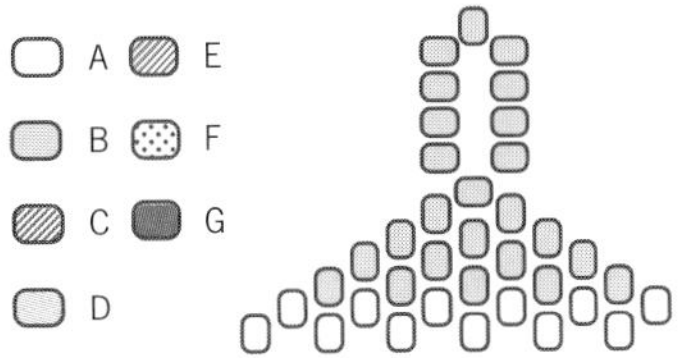

★……作り始め

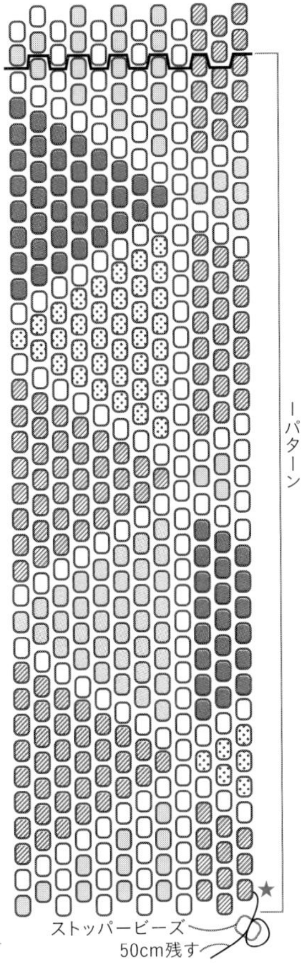

72.

端の編み図

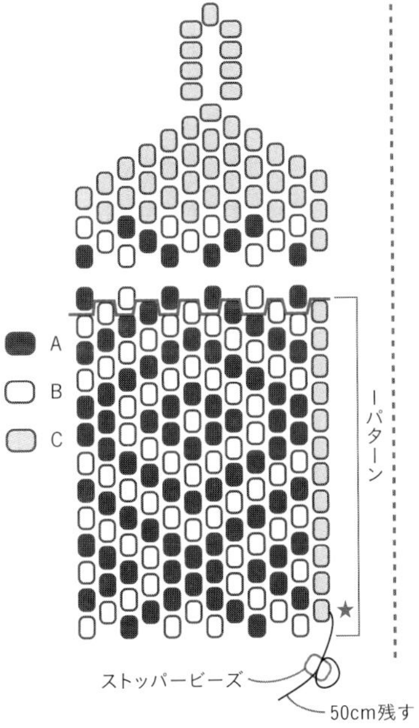

< Accessory design >

○gingerme tomoe（永澤朋恵） http://www.flag-of-free.com/

○1740AVENUE https://1740avenue.stores.jp/

○tmm

○石毛かおり（とみやま かおり Pieni Plus） https://www.creema.jp/c/pieniplus/

○かぎたに ようこ（feve beads）

○MON PARURE一下島優子 http://www.monparure.com/

針と糸で、はじめてでも可愛く作れる
ちいさなビーズアクセサリー

2015年５月30日 初版発行
2023年11月20日 新装版初版印刷
2023年11月30日 新装版初版発行

発行者 小野寺優
発行所 株式会社河出書房新社
〒151-0051 東京都渋谷区千駄ヶ谷2-32-2
電話 03-3404-1201（営業）
03-3404-8611（編集）
https://www.kawade.co.jp/
印刷・製本 TOPPAN株式会社

Printed in Japan
ISBN978-4-309-29359-2

< Staff >

Book design 三上祥子（Vaa）
Photograph わだりか
Styling 串尾広枝
Illustration 株式会社レシピア
Editing 相澤若菜

< 撮影協力 >

AWABEES

< 材料協力 >

株式会社 MIYUKI（ビーズファクトリー）
tel. 084-972-4747
https://www.miyuki-beads.co.jp/
https://www.beadsfactory.co.jp/

＊材料のデリカビーズが一部メーカー廃番のため、
写真の作品とは異なる代替色の表記に変更しています。

本書の内容に関するお問い合わせは、お手紙かメール（jitsuyou@kawade.co.jp）にて承ります。恐縮ですが、お電話でのお問い合わせはご遠慮くださいますようお願いいたします。

本書は2015年５月小社刊『ビーズステッチのちいさなアクセサリー』を改題・新装したものです。